Großvaters
beste Gartentipps von A-Z

Großvaters
beste Gartentipps von A-Z

gesammelt von Ursula Kopp

MOEWIG

Hinweis:
Die Anleitungen in diesem Buch sind sorgfältig recherchiert und geprüft worden. Dennoch ist jegliche Haftung für Personen-, Sach- oder Vermögensschäden ausgeschlossen, soweit gesetzlich zulässig. Insbesondere handelt es sich bei den Ratschlägen und Empfehlungen dieses Buches um unverbindliche Auskünfte gemäß § 676 BGB.

Projektleitung, Konzeption und Redaktion: Verlagsbüro Kopp
Fachliche Beratung: Dr. Bruno P. Kremer
Layout, Herstellung und Satz: Ekkehard Drechsel
Illustrationen: Ekkehard Drechsel
Sämtliche Fotos: Wolfgang Redeleit
Umschlagmotive: Getty Images, München (o.M., u.);
Mauritius, Mittenwald (o.l., o.r.)

ISBN 3-8118-1563-6

„Die Erde ist der Gewächse Vater, das Wasser ihre Mutter.“ Wer sich dieses alte Sprichwort und die bewährten Tipps unserer Vorfahren zu Nutze macht, wird sich über einen Garten freuen, in dem es üppig grünt und blüht und alles gut gedeiht.

„Blumen auf dem Esstisch heben den Wohlgeschmack der Speisen.“ Auch mit begrenztem Pflegeaufwand und einfachen Mitteln kann es im Garten vom zeitigen Frühjahr bis zum ersten Frost in allen möglichen Farben üppig blühen.

„Das Pflanzen machte es nicht allein, der Baum will auch gepfleget sein.“ Die bewährten und praktischen Tipps und Anregungen sorgten schon in Großvaters Obstgarten für saftige Früchte und reiche Ernte.

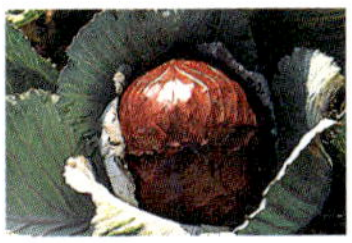

„Der düng’ und pflüg’ und grabe viel.“ Diese Bauernregel bringt es auf den Punkt: Gesundes Gemüse und eine reiche Ernte verlangen die richtige Sortenwahl, einen optimalen Standort und regelmäßige Pflege.

„Gegen jede Krankheit ist ein Kraut gewachsen“. Ein Garten ohne Kräuterecke wäre zu Großvaters Zeiten undenkbar gewesen. Denn die aromatischen, duftenden Pflanzen mit ihren teilweise wunderschönen Blüten fanden im Alltag vielseitige Verwendung.

„Wenn im Mai die Bienen schwärmen, sollte man vor Freude lärmen“. Vorbeugen ist besser als heilen – diese Binsenwahrheit gilt auch im Pflanzenschutz. In Großvaters Garten sind nicht nur die Pflanzen gesund, sie leben auch mit verschiedenen Tieren zum gegenseitigen Nutzen zusammen.

In seinem Garten freudevoll Geht hier ein Gärtner namens Knoll …

Wer hat es nicht schon gelesen, das Gedicht vom „Maulwurf" in Gärtner Knolls Garten! Wilhelm Busch, der Kenner menschlicher Schwächen, hielt für jede Gelegenheit einen Vers bereit. Im Garten hat er mehr Zeit seines Leben verbracht als anderswo. Vieles hätte er entbehren können, ohne seinen Garten jedoch wollte er nicht leben. Dies geht aus zahlreichen seiner Briefe hervor.
Der „ungärtnerische Mensch" stellt sich die Frage, warum es Menschen gibt, die auf ein Stück Garten – und sei es noch so klein – nicht verzichten wollen und sich mit mühevoller Gartenarbeit herumplagen, während andere bereits ihren Feierabend genießen.

Unsere Großeltern haben darauf vielleicht die überzeugendste Antwort gegeben: Wer nicht das Gefühl kennt, schnell wieder in den Garten zu kommen, um auf den Saatbeeten zu harken, ob nicht schon ein paar Keime zu entdecken sind, noch rasch das Erdbeerbeet vor dem Abendessen umzugraben oder sich ganz einfach an Blüten zu erfreuen, die sich morgens noch nicht geöffnet hatten – der mag sich über die Gartenleute wundern. Mit ihnen wandert die Freude an stillen, kleinen Dingen auf Schritt und Tritt durch den Garten: das Amsellied im Frühjahr, die letzte Blüte im Herbst, der Obstbaumschnitt an winterkahlen Zweigen oder die frische, selbst gemachte Erdbeerbowle an einem Sommerabend. Daraus setzt sich ein reiches, vielfältiges Gartenleben zusammen, und aus ihm lässt sich die Kraft für den Beruf und Alltag mit all seinen Mühen schöpfen. Denn gleichgültig, wo und wie sich jeder plagen und anpassen muss:
In seinem Garten ist er König, und hier findet er sein kleines Glück!

Mit dieser Liebe zur Natur betrachtete und hegte der Großvater sein kleines Gartenreich. Geduldig beobachtete er die Pflanzen und entwickelte bei ihrer Pflege Fantasie und Einfallsreichtum. Hochleistungsergebnisse waren ihm nicht wichtig – er gab sich mit dem Erreichten zufrieden.

Wer sich diese „Gartenphilosophie“ zu eigen machen will, dem können die Anregungen und Tipps aus Großvaters bewährter Gartenpraxis eine wertvolle Hilfe sein. Sie wurden unter dem Aspekt gesammelt und ausgewählt, dass sie sich auch für den kleinen Stadtgarten und den Garteneinsteiger eignen. Weil das Thema „Umwelt- bzw. Artenschutz“ für unsere Vorfahren noch nicht so aktuell wie heute war, wurde auf die Erläuterung oder gar Empfehlung zwar althergebrachter, jedoch z.T. radikaler Maßnahmen verzichtet, die heute im naturnahen Gartenbau verpönt oder nach dem neuen Bundesnaturschutzgesetz schlicht verboten sind – dies gilt insbesondere für das Kapitel „Schädlinge & Nützlinge“.

Autorin und Verlag wünschen den Lesern und Hobbygärtnern bei ihrer neuen Gartenpraxis auf altbewährten Pfaden nicht nur wachsende Freude am eigenen Garten, sondern auch staunenswerte Ergebnisse und überzeugende Erfolge!

Allgemeine Gartentipps

„Die Erde ist der Gewächse Vater,
das Wasser ihre Mutter.“

Wer sich dieses alte Sprichwort und die bewährten Tipps unserer Vorfahren zu Nutze macht, wird sich über einen Garten freuen, in dem es üppig grünt und blüht und alles gut gedeiht.

Ausgrasen ◆ Diese lästige Arbeit kann man sich im Frühjahr ersparen, wenn im Herbst auf den abgeernteten Gemüsebeeten Zeitungspapier in mehreren Lagen ausgebreitet und dünn mit Erde bestreut wird. Der Lichtmangel verhindert das Keimen von Unkrautsamen. Im Frühjahr können dann die Gemüsebeete sofort neu bepflanzt werden.

Bananenschalen ◆ Früher legte man sie zerkleinert ins Pflanzloch für Rosen oder grub sie unter die Gemüsebeete ein. Sie verrotten schnell, liefern Kalzium, Kalium, Magnesium, Natrium, Schwefel, Phosphat sowie Kieselsäure und sorgen somit für ein gesundes, kräftiges Wachstum. Im Komposthaufen beschleunigen sie die Verrottung.

Bodenarten erkennen ◆ Man benötigt keine teuren Untersuchungsmethoden, um zu erkennen, um welchen Boden es sich im eigenen Garten handelt. Man gibt eine Hand voll Gartenboden in ein Glas, füllt mit Wasser auf und rührt um. Jetzt wird beobachtet, wie sich die Erde im Glas verhält. Die Bestandteile von Sandboden sinken rasch ab, das überstehende Wasser bleibt fast klar. Die feinen Teilchen von Lehm- und Tonböden setzen sich nur langsam ab, das überstehende Wasser ist trüb. Humusreicher Boden scheidet kleine Humusteilchen ab, die an der Wasseroberfläche schwimmen.

Bodenprobe ◆ Saurer Boden schmeckt und riecht sauer. Füllt man ein wenig Erde in ein Glas mit Essig und beobachtet eine rasch einsetzende Blasenbildung, ist der Boden sehr kalkhaltig. Wenn nicht, streut man 100 g Algenkalk, Gesteins- oder Tonmehl pro Quadratmeter.

Boden verbessern ◆ Kaum ein Garten verfügt über einen idealen Boden, doch mit einigen einfachen Maßnahmen lässt er sich durchaus verbessern. Sandböden reichert man mit Kompost an, damit Wasser und Nährstoffe besser im Boden bleiben. Schwere Tonböden lockert man tiefgründig mit Grabgabel oder Spaten und arbeitet anschließend Sand und Humus ein. Nicht zu schwere Lehmböden sind nahezu ideal, lassen sich aber mit Humus und Gründüngung noch weiter optimieren.

Bodenverdichtungen durch Frost aufsprengen ◆ Wenn man im Herbst den nur oberflächlich gefrorenen Boden gut bearbeitet bzw. durchhackt, wird dessen Oberfläche vergrößert, und der Frost kann tiefer in das Erdreich eindringen und dort Verdichtungen aufsprengen.

Brennnesselblasen ◆ Hat man sich bei der Gartenarbeit Brennnesselblasen zugezogen, klingen diese durch das Auflegen von zerquetschten Wegerichblättern schneller ab. Vermeiden lassen sie sich, wenn man bei der „Handarbeit“ Handschuhe trägt.

Eisenmangel beheben ◆ Färben sich die Blätter von Bäumen oder Sträuchern gelb, während ihre Adern grün bleiben, ist die Ursache meist Eisenmangel. Früher steckte der Gärtner beim Einpflanzen sechs Eisennägel mit ins Grabloch. Man kann auch Stahlwolle oder alte Topfkratzer eine Woche in Wasser legen und die Pflanzen mit der „Eisenbrühe“ gießen.

Flüssigdünger ◆ Eine aktuelle Untersuchung hat ergeben, dass der Großteil der im Handel angebotenen Flüssigdünger zur Anregung der Blühfreudigkeit von Blütenpflanzen keineswegs das hält, was das jeweilige Etikett auf der Flasche verspricht. Einige von ihnen (sie gehören sogar zu den teuersten) enthalten keinen einzigen der ausgewiesenen Nährstoffe! Der sichere und gute Rat des erfahrenen Gärtners: Reifer Kompost ist nach wie vor der beste Dünger. Treten dennoch Mangelerscheinungen auf (zum Beispiel Vergilben der Blätter), erweisen sich individuell dosierte, zusätzliche Stickstoffgaben als hilfreich.

Folien gegen Unkraut ◆ Mit einem einfachen Trick lässt sich die Unkrautbildung auf Gartenwegen verhindern. Man legt die Wege mit fester Folie, zum Beispiel Teichfolie, aus. Darüber werden 20 cm Wegbelag aus Kies oder Mulch geschichtet. Am Rand wird die Folie umgeschlagen und mit Erde oder Randsteinen befestigt. Sie unterdrückt jedes Wurzelunkraut. Auch anfliegende Samen können sich kaum auf dem Wegbelag ansiedeln.

Gartengeräte pflegen ◆ Mit einem Kratzkeil oder Kratzschuh (siehe Seite 20), zugeschnitten aus einem Stück Hartholz, lassen sich Schaufeln, Rechen und Harken sehr gut säubern. Vor der Überwinterung werden sie sorgfältig gereinigt. Die Metallteile reibt man mit einer Speckschwarte, die Holzteile mit warmem Leinöl ein.

Gartenschlauch pflegen ◆ Er bleibt geschmeidig, wenn man ihn über Nacht in einer Mischung aus 1/3 Salmiakgeist und 2/3 Wasser einweicht. Vor der Winterruhe lässt man etwas Glycerin durch den Schlauch laufen und bringt ihn dann in einem frostfreien Raum unter.

Gartengeräte halten bei guter Pflege viele Jahre.

Gartenschlauch reparieren ◆ Einen undichten Gartenschlauch flickt man wie einen Fahrradschlauch: undichte Stelle trockenreiben, dann mit Schmirgelpapier aufrauen. Kleber nach Herstellerangaben auftragen und passendes Gummistück aufsetzen. Zur Verstärkung kann man über die geflickte Stelle ein altes, aufgeschlitztes Schlauchstück ziehen und mit Draht umwickeln.

Gießen ◆ Meist wird zu oft, aber nicht ausreichend gegossen. Damit das Wasser den Pflanzen auch wirklich zugute kommt, gießt man in größeren Abständen durchdringend, dies in mehreren kleinen Gaben und möglichst direkt in den Wurzelbereich.
Die richtige Zeit ist der frühe Morgen oder Abend.
An sonnigen Tagen nie nach 10 Uhr und nie vor 17 Uhr wässern.

Gießkanne ◆ Sie sollte nur so groß sein, dass man sie im gefüllten Zustand gut tragen kann. Man kauft am besten eine Gießkanne mit Längsgriff, denn mit Quergriff lässt sich die Kanne nur schwer tragen und das Wasser kaum dosieren.

Gießwasser ◆ Das beste Gießwasser ist Regenwasser, es lässt sich leicht und einfach in Fässern, Tonnen oder anderen größeren Behältern direkt aus der Regenrinne auffangen. Der erste Schwung sollte jedoch nicht in die Tonne geleitet werden, da er auf dem Dach angesammelten Schmutz enthält. Nur mit angewärmtem Wasser gießen und niemals mit kaltem Brunnenwasser. In der Regentonne erledigt die Sonne das Aufwärmen des Wassers.

Grabgabel ◆ Als eines der vielseitigsten und brauchbarsten Gartengeräte erleichtert sie die Arbeit des Grabens, da ihre vier spitz zulaufenden Zinken viel müheloser in den Boden dringen als das ganze Spatenblatt. Besonders bei stark verunkrauteten Gartenflächen ist der Einsatz der Grabgabel unverzichtbar. Mit ihren Zinken fährt sie zwischen die Wurzeln und holt sie heraus. Schwere Böden lassen sich schonend mit der Grabgabel lockern. Sie wird in Abständen von 10 cm in den Boden getreten und ruckartig vor- und zurückgedrückt.

Gründüngung ◆ Eine jahrhundertealte Methode der Bodenverbesserung: Gründüngungspflanzen verhindern, dass sich auf leeren Beeten Unkraut ausbreitet und halten Schädlinge fern. Hier spielen vor allem Kreuzblütler wie Weißer Senf *(Sinapis alba)* und Schmetterlingsblütler wie Ackerbohne *(Vicia faba)*, Luzerne *(Medicago sativa)* und Inkarnatklee *(Trifolium incarnatum)* eine wichtige Rolle. An den Wurzeln der Schmetterlingsblütler leben so genannte Knöllchenbakterien, die den Luftstickstoff binden und dadurch den Boden mit Stickstoffverbindungen anreichern. Zudem entwickeln sie in kurzer Zeit eine große Pflanzen- und Wurzelmasse und bringen damit einen zusätzlichen Gewinn an organischer Substanz. Gründüngungspflanzen werden vor der Blüte einfach untergegraben oder abgeschnitten als Mulchschicht verwendet.

Hacken ◆ Eine alte Gärtnerregel lautet: „Einmal Hacken ersetzt zweimal Gießen". Ist die Erdoberfläche verdichtet, wird das Wasser durch feine Kanäle an die Oberfläche gesogen, wo es verdunstet. Beim Aufhacken des Bodens werden diese Kanäle zerstört, was die übermäßige Verdunstung verhindert. Immer dann hacken, wenn der Boden durch starke Regenfälle verschlämmt ist, Gemüsebeete zwei- bis dreimal im Laufe des Sommers.

Heilkräuter im Kompost ◆ Komposthaufen mit vielen Kräuterbestandteilen reifen schnell, besonders mit einem hohen Anteil an Heilkräutern. Wahrscheinlich spielen dabei die in den Kräutern enthaltenen Mineral- und Nährstoffe sowie Vitamine eine Rolle. Als Kompostbeschleuniger haben sich seit langem Brennnessel, Beinwell, Acker-Schachtelhalm und Löwenzahn bewährt. Sie werden entweder zerkleinert oder als Jauche dem Kompost zugegeben.

Holzbehälter haltbar machen ◆ Pflanzgefäße aus Holz oder Holzfässer, die als Behälter für Regenwasser oder Jauchen dienen, halten länger, wenn sie innen angeschwelt werden. Dazu feuchtet man die Innenflächen mit Brennspiritus an, füllt Papier oder Holzwolle ein und zündet es an. Dabei unbedingt Abstand halten und einen langen Stock verwenden. Auf ein gleichmäßiges Anschwelen ist zu achten. Nur absolut trockene Gefäße anschwelen, da sich sonst das Holz verzieht und die Behälter undicht werden.

Holzschutz ◆ Holzstiele von Gartengeräten reibt man vor dem Winter mit Leinöl ein, so bleibt das Holz elastisch und vor Bruch und Splittern geschützt. Zaunpfähle, die nicht druckimprägniert sind, müssen vor Fäulnis geschützt werden. Eine bewährte und einfache Methode ist das Ankohlen der Pfahlenden über offenem Feuer. Danach darf der Pfahl nicht tiefer gesetzt werden, als er angekohlt ist. Oder man macht einen Überzug mit gekochtem Leinöl, das mit Holzkohlepulver zu einem dicken Brei verrührt wird. Holzblumenkästen werden mit Kalkmilch und Leinöl (im Verhältnis 1:1) imprägniert. Der Anstrich muss anfangs mehrmals, dann jährlich wiederholt werden.

Jäten ◆ Die ersten Bodenarbeiten im Jahr sollten im Schongang erfolgen. Zunächst wird kontrolliert, was schon alles in den Beeten keimt. Falls man sich nicht sicher ist, ob es sich bei einem Keimling um ein unerwünschtes Wildkraut handelt, lässt man ihn stehen und beobachtet ihn noch einige Wochen. Entpuppt er sich dann als Wildkraut, lässt er sich immer noch nachträglich ausreißen. Einer alten Gärtnerweisheit zufolge sollte man aber in jedem Fall jäten, bevor die Pflanzen zu blühen beginnen!

Schneidest Du Disteln im Mai,
wachsen sie neu.
Schneidest Du im Juni sie,
ist es immer noch zu früh.
Drum schneid sie erst im Juli ab,
dann wird der Garten doch ihr Grab.

Jungpflanzen vor Nachtfrost schützen ◆ Bei leichten Frösten einfach Blumentöpfe darüber stülpen. Drohen stärkere Fröste, stellt man einige Metallplatten (ca. 5 mm dick) wie kleine Dächer in den Beeten auf, sodass darunter Grablichter Platz haben. Diese platziert man in genügendem Abstand von den Pflanzen, damit es keine Verbrennungen gibt. Die von den Kerzen erwärmten Platten schützen die Pflanzen ausreichend vor Frost.

Kaffeesatz ◆ Er eignet sich hervorragend als Kompostmaterial. Für Kompostbewohner wie Regenwürmer ist er geradezu eine Delikatesse. Kaffeesatz lässt sich auch als Bodenzusatz für Pflanzen, die es leicht sauer mögen, zum Beispiel Rhododendron, verwenden. In Wasser aufgelöst, ergibt er einen guten Efeudünger.

Kartoffelschalen ◆ Frische Kartoffelschalen gehören im Kompost zu den Störenfrieden. Sie halten sich dort besonders lange frisch, zerfallen nur sehr langsam und treiben u. U. durch. Am besten in der Sonne erst einmal trocknen lassen. Fallen große Mengen an, sollte man sie separat kompostieren, zum Beispiel in einer Weinkiste ohne Boden, wo sie dann besonders schnell zerfallen können.

Kiesweg ◆ Er lässt sich leicht anlegen und ist eine kostengünstige Lösung. Zunächst wird das Wegbett ausgehoben und festgestampft. Dann schichtet man 15 cm Steine in das Bett, zur Mitte hin etwas nach oben gewölbt, damit das Wasser abfließen kann. Zuletzt wird die Kiesschicht aufgeschüttet und ebenfalls fest gestampft.

Knieschoner ◆ Gartenarbeit hält fit, solange man nicht Gelenke und Rücken überstrapaziert. Mit der passenden Arbeitskleidung lässt sich dies vermeiden. Bei Rückenproblemen helfen Hüftgurte, beim Pflanzen und anderen Bodenarbeiten sind Knieschoner, wie sie Maurer benutzen, hilfreich. Wer schon einmal länger auf dem Boden gearbeitet hat, weiß die weichen Gummipolster bald zu schätzen. Sie lassen sich leicht anlegen und stören auch nicht beim Laufen.

Komposthaufen ◆ Er gilt seit alters her als die Sparkasse des Gärtners und wurde früher bevorzugt unter einem Walnussbaum, Holunder oder unter Haselnuss-Sträuchern angelegt. Das Blätterdach schützt den Kompost vor Austrocknung durch die Sonne und Auswaschung durch Regen. Der Komposthaufen wird direkt auf den Erdboden gesetzt, sodass die erforderlichen Bodenorganismen gut einwandern können. Er sollte mindestens eine Grundfläche von 1 x 1 m haben und

Für den Hausgarten eignet sich am besten getrockneter Rindermist.

ca. 80 cm hoch sein. Zuunterst dient eine etwa 30 cm dicke Schicht aus grobem Gehölzschnitt als Drainage. Darauf kommen die Abfälle. Alle 20 cm wird etwas Gartenerde, vermischt mit kohlensaurem Kalk zur Förderung der Verrottung, dazwischengestreut. Zuletzt deckt man den Haufen mit Grasschnitt ab. Nach einem Jahr ist der Kompost gebrauchsfertig, sollte allerdings einmal umgesetzt werden.

Kratzschuh ◆ Nach der Gartenarbeit sollten die Gartengeräte stets gereinigt werden. Mit Hilfe eines Kratzschuhs lässt sich das recht einfach bewerkstelligen. Er besteht aus

einem keilförmig zugeschnittenen Stück Hartholz (Buche, Eiche, Robinie), mit dem man die Geräte von Gartenerde etc. gut und schonend befreien kann.
Der Kratzschuh wird am besten dort aufgehängt, wo man die Gartengeräte abstellt – so ist er immer im Blick, und man vergisst diese Arbeit nicht.

Lockere Stiele ◆ Haben sich bei Spaten und Hacke die Stiele gelockert, so stellt man sie einen oder zwei Tage in die Regentonne oder einen Eimer Wasser. Das Holz quillt auf, und der Stiel sitzt dann wieder fest im Metallring.

Milchdüngung ◆ Rosen- und andere Prachtstauden sowie Tomaten gedeihen besser, wenn sie ein- bis zweimal monatlich mit „Magermilch" gegossen werden. Man verdünnt dazu Vollmilch im Verhältnis 1:3 mit Regenwasser. Mit einer Verdünnung im Verhältnis 1:6 lässt sich eine bewährte Spritzlösung gegen verschiedene Pilzkrankheiten herstellen. Man spritzt, auch vorbeugend, einmal wöchentlich direkt auf die Blätter.

Mistkompost ◆ Mist zu kompostieren hat sich seit Jahrhunderten bewährt, bereits im 12. Jahrhundert empfahl Albertus Magnus einjährigen Stapelmist. Die Bauern ließen früher den Mist ein bis zwei Jahre am Ackerrand verrotten, ehe sie ihn auf den Feldern ausbrachten. Denn frischer Mist, vor allem Pferde- und Geflügelmist, ist hitzig und verbrennt die Pflanzen. Für den

Hausgarten ist Rindermist der beste. Er eignet sich für jeden Boden und enthält die meisten Nährstoffe. Pferdemist empfiehlt sich für schwere Lehmböden, er gehört zu den hitzigen Düngern und erwärmt auch kompostiert den Boden schnell. Pferdemist wird deshalb auch als Fußbodenheizung für Frühbeete verwendet. Grundsätzlich sollte nur Mist von Tieren kompostiert werden, die Grünfutter und Futter aus naturgemäßem Anbau bekommen.

Mulchen ◆ Eine altbewährte Methode der natürlichen Düngung des Gartenbodens ist das Mulchen. Rasenschnitt, zerkleinerte Pflanzenteile oder Laub werden zwischen den Pflanzen oder unter Sträuchern und Bäumen ausgestreut. Die Mulchschicht sollte nicht höher als 5 cm sein, damit noch genügend Luft an die Pflanzenwurzeln kommt. Sie bewahrt den Boden vor Austrocknung und einschlämmenden Regengüssen und hält das Unkraut im Zaum.

Nistkästen ◆ Singvögel nehmen gerne im Garten angebotene Nistkästen an, aber nur dann, wenn sie richtig platziert sind. Mit dem Flugloch in Richtung der aufgehenden Sonne und leicht nach vorne geneigt aufgehängt, helfen sie den gefiederten Gästen am besten. Außerdem sollten sie für Katzen, Marder und räuberische Vögel unzugänglich sein. Im Herbst müssen Nistkästen gründlich gereinigt und von Parasiten befreit werden, damit sie im Frühjahr wieder als Kinderstube benutzt werden können.

Pflanzholz ◆ Früher bestanden die Pflanzhölzer nur aus Holz, später hatten sie eine Spitze aus Metall. Und so geht man richtig damit um: Das Pflanzholz in den Boden stoßen und mit kreisenden Bewegungen ein ausreichend großes Loch hineindrücken. Die Pflanze mit den Wurzeln senkrecht nach unten in das Loch halten. Mit dem Pflanzholz ca. 5 cm davon entfernt ein zweites Loch stechen und die Erde fest an die Wurzeln drücken. Das zweite Loch bleibt offen und dient als Gießloch. Der Vorteil bei dieser Technik ist, dass die Hände kaum schmutzig werden, die Pflanze einen festen Halt bekommt und das Wasser ohne Verlust direkt an die Wurzeln gelangt und somit weniger schnell verdunstet.

Pflanzenjauchen ◆ Mit ihnen wurde bereits in den alten Klostergärten gedüngt. Pflanzenjauchen lassen sich ohne Zeit-, Arbeits- und Kostenaufwand sehr einfach herstellen. 1 kg Pflanzen klein schneiden, in einen großen Behälter (keine Metallbehälter) füllen und mit 10 l Wasser übergießen. Den Ansatz an einem sonnigen Platz zugedeckt 1 bis 2 Wochen gären lassen. Schäumt die Jauche nicht mehr und hat sie eine dunkle Farbe, ist sie einsatzbereit. Pflanzenteile absieben. In jedem Fall die Jauche verdünnen, da sonst die Pflanzen „verbrennen“: 1:50 bei wöchentlicher, 1:20 bei zweiwöchentlicher, 1:10 bei drei- bis vierwöchentlicher Düngung. Um den intensiven Geruch zu mildern, kann man Steinmehl einrühren.

> **Wer seinen Mist will verscherz',**
> **der muss fahren im März.**

Pflanzschnur ◆ Jeweils am Ende an einem Holzpflock angebunden, hilft sie, Beete gerade anzulegen. Sie ist in jedem Näh- oder Bastelkasten zu finden. Kunststoffschnüre sind haltbarer, und ihre Enden spleißen nicht auf, wenn man sie über einer Kerzenflamme schmilzt. Das Einhalten der Pflanzabstände erleichtern kleine Knoten, die man in bestimmten Abständen (10 bis 25 cm, je nach Pflanze) in die Pflanzschnur knüpft. Daran denken, dass die ungeknotete Pflanzschnur länger sein muss als das Beet, über dem sie später ausgespannt wird.

Rostschutz für Gartengeräte ◆ Im Herbst müssen alle Gartengeräte gereinigt und winterfest gemacht, vor allem aber wirksam vor Rost geschützt werden. Frischer Rost lässt sich mit einem in Öl eingetauchten Korken oder Lappen abreiben. Geräte aus Stahl reibt man mit Paraffinöl ein. Eisengeräte werden in ein Bad aus Soda und Pottasche gelegt und dann an der Luft getrocknet. Als Rostschutz für alle Metallgerätschaften eignet sich aber auch ein selbst hergestelltes Fett. Dazu schmilzt man in einer alten Pfanne drei Teile weißen Speck und einen Teil Harz und verschlägt die Mischung gut. Sie wird noch warm aufgetragen.

Sonnenenergie für das Glashaus ◆ Legt man schwarze, mit Wasser gefüllte Schläuche in Schlangen zwischen die Winterkulturen locker auf die Erde, heizt sich das Wasser unter der Sonneneinstrahlung auf und gibt nachts die gespeicherte Wärme an die Umgebung ab.

Teedüngung ◆ Blätter von schwarzem Tee sind hervorragend als Dünger geeignet. Besonders dankbar reagieren Rippenfarn *(Blechnum spicant)* und Tüpfelfarn *(Polypodium vulgare)* auf eine Teedüngung. Die Teeblätter werden im Garten einfach auf dem Boden verteilt, in Blumentöpfen mit der obersten Erdschicht leicht vermischt.

Teichwasser entkalken ◆ In vielen Regionen ist das Leitungswasser sehr kalkhaltig. Genauere Angaben bekommt man bei den jeweiligen Wasserversorgungsunternehmen. Enthält das Wasser im Gartenteich zu viel Kalk, wird die Nährstoffaufnahme der Pflanzen gestört. Mit einer einfachen Methode lässt sich das Wasser entkalken: Man hängt einen mit Torf gefüllten Jutesack in den Teich. Ein Kilogramm Torf bindet 20 bis 30 Gramm Kalk. Nach einigen Wochen sollte der Sack ausgetauscht werden.

Trockenmauern ◆ Mit ihnen lassen sich individuelle Gartenbegrenzungen schaffen. Sie werden aus grob behauenen Natursteinen ohne Mörtel aufgesetzt und überdauern Jahrzehnte ohne Pflege. Einfach selbst bauen kann man etwa 70 cm hohe, am Mauerfuß ebenso breite, frei stehende Trockenmauern. Auf einem Fundament aus verdichtetem Kies wird die unterste Lage entsprechend der Mauerneigung leicht schräg eingebaut. Danach verlegt man die Steine in unregelmäßigen Schichten. Kleine Steine werden in Fugen verkeilt und sorgen für Stabilität. Steingartenpflanzen können bereits während des Baus mit lehmig-kiesiger Erde eingesetzt werden. Den Mauerkern füllt man mit Gestein und Erde.

Frei stehende Trockenmauern lassen sich sehr einfach selbst bauen.

Umgraben ◆ Aufwendiges und mühsames Umgraben muss nicht unbedingt sein. Stattdessen bringt man mit dem Spaten ca. 5 cm hoch reifen Kompost auf dem Boden aus und erneuert diese Schicht alljährlich. Die Saat einfach darauf ausstreuen. Das erspart Arbeit und steigert den Ertrag. Allerdings wird viel Kompost benötigt.

Unkrautsperre ◆ Mit Wollziest *(Stachys byzantina)* oder Quendel *(Thymus serpyllum)* fasste man früher die Beete ein, um das Hineinwuchern von Wildkräutern zu verhindern. In einem ca. 20 cm breiten Band angepflanzt, unterdrücken sie nachhaltig den grünen Wildwuchs.

Unkrauttest für Kompost ◆ Ob der Kompost ausgreift ist und keine Unkrautsamen enthält, lässt sich ganz einfach prüfen. Mit einem Schäufelchen wird Kompost aus 20 cm Tiefe entnommen, zerkleinert in eine Schale gegeben, angegossen und auf die Fensterbank gestellt. Zeigen sich nach wenigen Tagen erste Keimlinge, enthält der Kompost noch Unkrautsamen. Ist hingegen nach zwei Wochen nichts zu sehen, kann er ohne Bedenken verwendet werden.

Urlaubsbetreuung von Topfpflanzen ◆ In der Urlaubszeit stellt sich für die meisten Hobbygärtner die Frage, wie ihre Pflanzen diese Zeit schadlos überstehen. Bei längerer Abwesenheit ist man auf die Hilfe von Nachbarn, Freunden oder Bekannten angewiesen. Bei einem kürzeren Urlaub lassen sich die Pflanzen aber auch ohne fremde Hilfe versorgen. Es genügt zum Beispiel, eine Hängematte zwischen zwei Bäumen aufzuhängen, ein Brett hineinzulegen und die Pflanzgefäße in mit Wasser gefüllten Untersetzern darauf zu stellen. Die dicht belaubten Baumkronen reduzieren die Verdunstung erheblich. Man

kann die Pflanzen auch in großen Wannen in einen hellen, kühlen Raum stellen. Man füllt in die Wannen etwa 5 cm hoch Erde ein, wässert gründlich und setzt die Pflanzen ohne Topf auf die feuchte Erde.

Wettervorhersage mit Pflanzen ◆ Viele Gartenpflanzen reagieren sensibel auf das Wetter. Sind die Pflanzen am Morgen mit dicken Wassertropfen bedeckt, hat sich bei klarem Nachthimmel meist reichlich Tau gebildet, und es ist mit einem schönen, sonnigen Tag zu rechnen. Die Blätter der Wegmalve zum Beispiel sammeln besonders viel Tau. Ist jedoch schlechtes Wetter im Anzug, faltet der Klee seine Blätter zusammen und lässt die Blütenköpfe hängen. Die Blüten der Mittagsblume öffnen sich bei schlechtem Wetter gar nicht. Lange Zeit bevor die ersten Regentropfen fallen, drehen sich die Blüten von Winden zusammen.

Holzzäune müssen regelmäßig gepflegt und instand gesetzt werden.

Zäune ◆ Der Gartenzaun sollte zum Haus, Garten und Umfeld passen. Eine preisgünstige wie auch unauffällige Lösung ist ein Maschendrahtzaun, zum Beispiel mit einer grünen PVC-Ummantelung. Ein Holzzaun lässt sich nahezu in jeder Stilrichtung anlegen und eignet sich zudem als Sichtschutz. Ob er lange Zeit ansehnlich bleibt, hängt von der gewählten Holzart sowie von der Pflege ab. Um ihn gegen Witterungseinflüsse zu schützen, muss er von Zeit zu Zeit gestrichen (lasiert) und imprägniert werden. Vor jeder Lasur sollten verrottete und beschädigte Stellen sorgfältig abgeschmirgelt werden.

Zeigerpflanzen ◆ Sie verraten viel über die Art des Bodens. Auf einen kalkhaltigen Boden weisen u.a. Ackerwinde *(Convolvulus arvensis)*, Klatschmohn *(Papaver rhoeas)*, Kornrade *(Agrostemma githago)* hin. Sauren Boden zeigen u.a. Acker-Minze *(Mentha arvensis)*, Milder Knöterich *(Polygonum mite)*, Kleiner Sauerampfer *(Rumex acetosella)* an. Auf sandigem Boden wachsen bevorzugt u.a. Dreiteiliger Ehrenpreis *(Veronica triphyllos)*, Gelber Hohlzahn *(Galeopsis segetum)*, Ochsenzunge *(Anchusa officinalis)*. Kaliumreichen Boden zeigen Acker-Gauchheil *(Anagallis arvensis)*, Gewöhnlicher Erdrauch *(Fumaria officinalis)*, Weißer Gänsefuß *(Chenopodium album)* an. Auf stickstoffreichem Boden wachsen Große Brennnessel *(Urtica dioica)*, Kleinblütiges Franzosenkraut *(Galinsoga parviflora)*, Vogelmiere *(Stellaria media)* und Breitblättriger Wegerich *(Plantago major)*.

> **Säen am ersten April,**
> **verdirbt den Bauern mit Stumpf und Stiel.**

Im Ziergarten

„Blumen auf dem Esstisch heben den Wohlgeschmack der Speisen.“

Auch mit begrenztem Pflegeaufwand und einfachen Mitteln kann es im Garten vom zeitigen Frühjahr bis zum ersten Frost in allen möglichen Farben üppig blühen.

Akelei ◆ Sie gehört zu den ersten Schnittblumen im Frühjahr und lässt sich zu wunderschönen bunten Sträußen binden. Da die Akelei *(Aquilegia*-Hybriden*)* nur eine kurzlebige Staude ist, sollte man darauf achten, dass jedes Jahr immer neue Sämlinge aufgehen. Achtung: Die Akelei enthält wie alle Mitglieder ihrer Pflanzenfamilie (Hahnenfußgewächse) in allen Teilen giftige Substanzen, daher nach dem Schneiden immer sorgfältig die Hände waschen.

Aloe gegen Sonnenbrand ◆ Aloen sind sehr genügsame Kübelpflanzen, die den Sommer gerne auf Balkon und Terrasse verbringen. Die Echte Aloe *(Aloe vera)* enthält heilsame Pflanzensäfte. Schneidet man die dickfleischigen Blätter auf, tritt ein Pflanzensaft aus, der schmerzlindernd sowie desinfizierend wirkt und somit auch die Wundheilung beschleunigt.

Barbarazweige zum Blühen bringen ◆ Es ist ein alter Brauch, am 4. Dezember, dem Barbaratag, Zweige von Obstgehölzen (meist Kirschzweige) zu schneiden, die dann an Weihnachten blühen sollen. Damit dies auch gelingt, muss man Folgendes beachten: Die Zweige schräg anschneiden und an einen kühlen Platz stellen. Nach einigen Tagen Vasenwasser auf 18 °C erwärmen, morgens und abends wechseln und etwas Salz hinzufügen. Etwa eine Woche vor Weihnachten können die Zweige ins warme Wohnzimmer umziehen. Öfter lauwarmes Wasser, stets mit einer Prise Kochsalz, nachgießen. Das Salz verhindert das Bakterienwachstum im Vasenwasser.

Bartnelke ◆ Sie bringt im Frühjahr viel Farbe ins Blumenbeet, vor allem, wenn sie in verschiedenfarbigen Gruppen gepflanzt wird. Die Bartnelke *(Dianthus barbatus)* ist

vor allem eine ausgezeichnete Schnittblume, deren Haltbarkeit geradezu sprichwörtlich ist. Ein Strauß erfüllt ein ganzes Zimmer mit intensivem Blütenduft. Das Blumenwasser sollte man allerdings alle zwei Tage wechseln und die schleimigen Blütenstiele abspülen, damit kein unangenehmer Geruch entsteht und die Wasserleitbahnen im Stängel nicht verstopfen.

Bauerngarten-Blumen ◆ Pfingstrose, Lilie, Ringelblume oder Schwertlilie wurden früher vornehmlich wegen ihrer medizinisch wirksamen Inhaltsstoffe gepflanzt – schöne Blüten oder ein wunderbarer Duft waren Nebensache. Erst im Laufe vieler Jahrhunderte mauserten sich die nützlichen Blumen zu Zierpflanzen, wobei man im Bauerngarten die ungefüllten Sorten bevorzugte. Auch heute noch dienen viele alte Bauernblumen der Gesundheit. Aus ihren Blüten und Blättern lassen sich heilende Tees und Öle herstellen, zum Beispiel das aus den Blüten der Großblütigen Königskerze *(Verbascum densiflorum)* hergestellte „Königsöl“, ein altes Hausmittel gegen Ohrenschmerzen.

Blumenkästen und -töpfe ◆ Blumentöpfe lassen sich aus gehobelten Brettern leicht selbst zusammenbauen. Man kann Geranien und andere Balkonpflanzen auch einfach einzeln in Töpfen auf den Fenstersims stellen und sie durch eine hölzerne Leiste sichern, damit sie nicht beim nächsten starken Wind herunterfallen. Besonders für kleine Fenster eignen sich einzeln stehende Blumentöpfe gut, da sie mehr Licht ins Zimmer lassen.

Die Dahlie ist eine der beliebtesten Gartenblumen.

Blumentöpfe mit Kalkrändern ◆ Man reibt sie mit Metallwolle, die zum Scheuern von Töpfen verwendet wird, kräftig ab, eventuell unterstützt von etwas Haushaltsessig. Weißer Belag durch kalkhaltiges Wasser lässt sich vermeiden, wenn die Töpfe ab und zu mit einer Speckschwarte oder einem ölfeuchten Lappen eingerieben werden.

Blumentöpfe, neue ◆ Sie haben luftgefüllte Poren, die Wasser ansaugen, sobald sie damit in Berührung kommen. Um zu verhindern, dass dies mit dem Gießwasser geschieht, legt man die Töpfe vor Gebrauch erst einige Stunden ins Wasser.

Dahlienblüte verlängern ◆ Frühe Dahlien blühen länger. Deshalb holen schlaue Gärtner die Dahlienknollen bereits im Februar aus dem Keller und treiben sie an. Die Knollen werden in flache Schalen mit einer Drainageschicht gelegt und mit lockerer Erde bedeckt. Dann stellt man sie an einen kühlen Platz und hält sie leicht feucht. Nach einigen Wochen zeigen sich die ersten Triebspitzen. Jetzt sollten die jungen Dahlien möglichst hell, aber immer noch kühl stehen. So entwickeln sich rasch kompakte Pflanzen, die man schon Mitte Mai nach draußen stellen kann.

Eisheilige ◆ Pankratius, Servatius, Bonifatius (12. bis 14. Mai) sowie die „Kalte Sophie“ (15. Mai) nennt man die Eisheiligen. Sie bezeichnen die letzte wahrscheinliche Kälteperiode im Frühling mit der Gefahr von Nachtfrösten. Langjährige Wetterbeobachtungen zeigen jedoch, dass sich ein Temperatursturz mitunter erst nach dem 20. Mai einstellt. Erfahrene Gärtner raten, die Eisheiligen abzuwarten, ehe man die Sommerblumen auspflanzt. Früher schützte man Gärten, Äcker

sowie Wein- und Obstgärten, indem man Feuer entzündete, deren Wärme vor Frost schützte und deren Rauchnebel sich über Blüten und Triebe legte.

Entspitzen ◆ Damit sich selbst gezogene Balkon- und Sommerblumen zu dichten und gut verzweigten Exemplaren mit vielen Knospen entwickeln, sollte man sie immer wieder entspitzen. Dazu trennt man vorsichtig die obersten ein bis zwei Blattpaare ab. Dadurch werden jeweils dieSeitenknospen zum Durchtreiben angeregt. Wenn auch die neuen Triebe wieder lang genug sind, wird das Entspitzen weitere ein- bis zweimal wiederholt.

Flieder in Vasen ◆ Da sich die Knospen in der Vase oft nicht öffnen, sollte man nur aufgeblühten Flieder schneiden. Die holzigen Stiele nehmen nur sehr schlecht Wasser auf. Man schlägt sie deshalb mit dem Hammer breit, bis sie zerschlitzt sind, oder schneidet die Enden etwa 5 cm lang auf.

Gemüse-Blumenmix auf dem Balkon ◆ Im Frühling möchte mancher Balkon-Gärtner neue Pflanzkombinationen ausprobieren. Dabei können ruhig auch Gemüse und Kräuter zum Einsatz kommen. Ebenso wie im Bauerngarten macht sich im Balkonkasten eine Mischung aus Sommerblumen und Nutzpflanzen gut. Paprika, Tomaten, Lavendel, Rosmarin und sogar Salate fühlen sich hier zwischen Blumen wohl. In einem 1 m langen Kasten haben etwa

fünf verschiedene Pflanzen Platz. Das Substrat sollte nährstoffreiche, mit etwas Lehm vermischte Erde sein. Es empfehlen sich spezielle, kleinwüchsige Gemüsesorten. Täglich gießen, wöchentlich düngen.

Hausbaum ◆ Früher pflanzte man zu feierlichen Anlässen einen Baum vor das Haus, zum Beispiel zur Geburt eines Kindes. Er war Symbol für Standhaftigkeit und galt als Schutzpatron für die Bewohner. Auch heute hat ein solcher Hausbaum nichts von seiner Ausstrahlungskraft verloren. Wenn auch die Gärten immer kleiner werden, so sollten Bäume darin nicht fehlen. Sie geben dem Garten Struktur, spenden Schatten, sind jederzeit ein Blickfang und bieten Lebensraum für vielerlei Tiere. Außerdem können sie so manche Bausünde verdecken. Jeder Gartenbesitzer sollte sich für seinen Garten die passende Baumart aussuchen. Besonders empfehlenswert sind immer Hochstamm-Obstgehölze, darunter auch die etwas in Vergessenheit geratenen Arten wie Vogelbeere oder Speierling, aber auch Weißdorn oder Felsenbirne. Ausladende Bäume mit hängenden Kronen, wie Hänge-Birke und Hänge-Weide, eignen sich eher für den Sitzplatz im Garten. In jedem Fall sollte man einen Laubbaum wählen, denn er lässt auch in der dunklen Jahreszeit immer noch genügend Licht ins Haus.

> **Auf den kleinsten Raum**
> **pflanze einen Baum**
> **und pflege sein,**
> **er trägt dir's ein.**

Ein Hausbaum sollte in keinem Garten fehlen.

Hecken und Einfassungen ◆ Viele Sträucher lassen sich einfach und schnell durch Stecklinge vermehren. Wer Geduld hat und nicht gleich von Anfang an große Pflanzen haben will, kann kostengünstig eine Heckenpflanzung starten, wenn zum Beispiel im Nachbargarten entsprechender Strauchschnitt anfällt, beispielsweise von Liguster, Forsythie, Schneeball oder Berberitze. Für Buchseinfassungen kauft man nur einen Strauch und macht daraus Stecklinge (pro Steckling 1 bis 3 Blattpaare). In 2 bis 3 Jahren hat man dann auch eine ca. 30 cm hohe Einfassung – und das sehr kostengünstig.

Hortensien blau färben ◆ Früher glaubte man vielleicht an ein Naturwunder, wenn eine aus dem Blumentopf in den Garten gepflanzte rosarote Hortensie auf einmal in leuchtendem Blau erblühte. Der Grund dafür war bzw. ist ein eisenhaltiger Boden. Man kann dies ganz einfach testen, indem man eine Hortensie mit Wasser gießt, in dem eine Zeit lang verrostetes Eisen gelegen hat – sie färbt sich nämlich blau.

Hortensien richtig schneiden ◆ Wenn Hortensien trotz Pflege nicht blühen wollen, kann es am falschen Schnitt liegen. Die Pflanze blüht am vorjährigen Holz. Hat man dies im Frühjahr oder Herbst geschnitten, wurde damit auch gleich der Blütenansatz entfernt. Die Pflanze sollte zudem lediglich ausgelichtet werden, wenn sie zu üppig gerät. Dafür ist der Winter der richtige Zeitpunkt.

> April macht die Knospen rund,
> Mai öffnet ihnen den Mund.

Kapuzinerkresse ◆ Rankende Sorten eignen sich sehr gut zum Begrünen von Zäunen und Mauern oder in Kästen – mit Kletterhilfen – als Raumteiler und Sichtschutz. Kriechende Sorten bedecken schnell und üppig kahle Bodenstellen und halten dadurch auch Unkraut im Zaum. Mit den gelben und roten essbaren Blüten der Kapuzinerkresse *(Tropaeolum majus)* lassen sich sommerliche Gerichte und Salate hübsch dekorieren. Die aromatischen Blütenknospen können in Essig eingelegt und wie Kapern verwendet werden.

Kletterpflanzen ◆ Sie sind nicht nur besonders dekorativ – mit ihrer Hilfe lassen sich zum Beispiel auch bauliche Mängel verbergen und sogar reizvoll umgestalten. Außer dem Efeu ist zum Beispiel auch der Schlingknöterich unter der Bezeichnung „Architektentrost" bekannt!

Kräutersaatbad ◆ Ein Kräuteraufguss als Samenbad wirkt auf Pflanzen wie ein Gesundheitselixier. Man nimmt zwei Teelöffel getrocknete Kräuter, zum Beispiel Kamillenblüten, und gießt sie mit 1/4 l kochendem Wasser auf. Danach abkühlen lassen und abseihen. Nach 24 Stunden hängt man ein Säckchen mit dem jeweiligen Saatgut 15 Minuten lang in die Flüssigkeit. Dann wird das aufgebundene Säckchen an einem schattigen Platz auf Küchenkrepp zum Trocknen ausgelegt. Möglichst noch am gleichen Tag aussäen.

Lupine ◆ Die anspruchslose und dekorative Blume wirkt sehr schön in kleineren, verschiedenfarbigen Gruppen vor Zäunen oder im gemischten Staudenbeet. Da die Lupine *(Lupinus polyphyllus)* immer mehr Platz beansprucht und später nur mehr schwer versetzt werden kann, sollte man alle zwei Jahre für Nachzucht sorgen. Am besten von jeder Blütenfarbe eine Blütenkerze ausreifen lassen, um stets frischen Samen zu erhalten. Wie alle Schmetterlingsblütler, die über ihre Wurzelknöllchen den Boden mit Stickstoffverbindungen versorgen, eignet sich die Lupine auch hervorragend als dekorative Gründüngungspflanze auf brachliegenden oder ausgezehrten Beeten.

Nachblüte anregen ◆ Nach der Blüte sollten regelmäßig die welken Blüten mitsamt den Blütenstängeln abgeschnitten werden, damit die Pflanze keine unnötige Kraft mit der Ausbildung von Samen verliert. Diese Maßnahme regt bei einigen Stauden und Sommerblumen auch eine Nachblüte an. Am Ende der Sommersaison lässt man aber auch einige Blüten auswachsen und Samen heranreifen, damit es im nächsten Jahr wieder üppig blühen kann.

Wenn man vom Topfneglein (Nelken)
die ersten Schossen allzeit abbricht,
kann man sie damit nach Belieben aufhalten,
dass sie erst im späten Herbst oder
gar im Winter zur Blüte kommen!

Pfingstrose ◆ Diese alte Bauernblume wird heute zunehmend durch moderne Hybrid-Züchtungen verdrängt. Unter den ausdauernden Stauden nimmt die Pfingstrose *(Paeonia officinalis)* den ersten Platz ein, reagiert allerdings sehr empfindlich auf Störungen. Lässt man sie in Ruhe, kann die Pflanze jahrzehntelang an ihrem Platz bleiben, und ihre Blüten werden von Jahr zu Jahr größer und schöner. Der Standort sollte sorgfältig ausgewählt werden. In Solitärstellung wirkt die Pfingstrose am besten. Viele Bäuerinnen pflanzen sie deshalb fernab von allen anderen Blumen einfach ins Gemüsebeet. Empfehlenswert für einen bäuerlichen Garten sind die heute zunehmend selten anzutreffenden ungefüllten Sorten.

Die Pfingstrose ist seit Jahrhunderten in unseren Gärten bekannt.

Pflanzen tauschen ◆ Überzählige Jungpflanzen setzt man in kleine Kistchen, versieht sie mit Etiketten (Name, Blütenfarbe, Blütezeit, einjährig/mehrjährig) und hat perfekte „Tauschobjekte" für Nachbarn, Bekannte oder auf den örtlichen Pflanzentauschbörsen. Bis zu 40 Samen liefert zum Beispiel eine einzige Stockrosenblüte. Man bewahrt sie, nach Blütenfarben getrennt, in kleinen Gläsern oder Tütchen auf und beschriftet sie entsprechend. Dann kann man gezielt gegen andersfarbige Stockrosen tauschen. Möglichst nur ungefüllte Sorten verwenden – nur davon haben auch Bienen und Hummeln etwas!

Pflanztermin ◆ Damit Jungpflanzen das Anwachsen erleichtert wird und sie vor Austrocknung geschützt sind, sollten sie wegen der prallen Sommersonne nie nach 10 Uhr vormittags und nicht vor 16 Uhr nachmittags sowie nicht bei windigem Wetter gesetzt werden. Erfahrene Gärtner raten, nach oder während dem Regen zu pflanzen, am besten aber bevor es regnet.

Rankhilfen ◆ Mit Ranken oder durch Winden kletternde Blütenpflanzen brauchen schon frühzeitig eine Kletterhilfe, damit sie sich nicht am Boden entlangschlängeln. Wicken lassen sich am besten mit Reisig oder Maschendraht in die Höhe lenken. Sie tragen an jedem Fiederblatt mehrere Ranken, mit denen sie sich an der Kletterhilfe festhalten. Möchte man ein „geordnetes" Höhenwachstum und gerade Blütenstängel haben, müssen die Triebe gelenkt werden. Man bindet sie dazu immer wieder mit Bast an der Rankhilfe fest.

Kletterpflanzen müssen durch Rankhilfen gelenkt werden.

Rasen durchlüften ◆ Im Frühjahr braucht der Rasen eine gute Durchlüftung. Wenn aufgrund warmer Witterung die Gräser schon zu lang geworden sind, sollte man erst schneiden und dann lüften. Sobald die Rasenfläche abgetrocknet ist, wird sie mit einen Stahldrahtbesen kräftig durchgeharkt, was bei einem jungen Rasen meist ausreicht. Bei älteren, verfilzten und vermoosten Rasenflächen empfiehlt sich der Einsatz des Vertikutier-Rechens. Mit kurzen, weit gestellten Messerzinken werden Grasnarbe und Boden längs und quer aufgeritzt. Mit langen, engen Zinken harkt man Moos, Mährückstände und flach wurzelnde Unkräuter ab.

Saatschilder ◆ Wenn sich im zeitigen Frühjahr auf der Fensterbank und im Gewächshaus etliche Saatschälchen tummeln, helfen Saatschilder dem Gärtner, den Überblick zu behalten. Damit er genau weiß, in welchem Schälchen welche Sorte heranwächst, sollte jedes genau beschriftet sein. Eingesteckte Saattütchen halten nur wenige Duschen mit der Gießkanne aus. Schilder aus Plastik, Aluminium, Porzellan oder Ton tun drinnen wie draußen jahrelang ihren Dienst.

Saatzeit ◆ Die goldene Regel lautet: Trocken säen, nass pflanzen. Zum Aussäen wartet man also auf trockenes Wetter und sät auch nicht in zu nassen Boden, da das Saatgut sonst schimmelt. Der Boden über dem Saatgut sollte fest sein. Man klopft ihn oder tritt ihn mit den Füßen fest.

Schnittblumen frisch halten ◆ Mit verschiedenen „Tricks" lassen sich Schnittblumen fit halten. Bevor Tulpen für die Vase arrangiert werden, schneidet man die Stängel an und entfernt das unterste Laubblatt. Nicht zuviel Wasser einfüllen, den Wasserstand öfter kontrollieren und bei Bedarf nachfüllen. Ehe man Narzissen zu anderen Blumen in die Vase stellt, müssen sie erst einmal separat für zwei Stunden „gewässert" werden, da sie einen Stoff ausscheiden, der andere Blumen in der gleichen Vase schnell welken lässt.

Schutz für Setzlinge ◆ Frisch gepflanzten Setzlingen sollte man einige Tage lang Schatten gönnen. Man kann Holzkisten, Kartons oder Blumentöpfe darüber stellen. Lose aufgelegte Heckenzweige erfüllen auch ihren Zweck. Damit sich keine Schädlinge an den jungen Pflanzen gütlich tun, schützt man sie mit einem Maschendraht.

Schutz vor Vogelfraß ◆ Wenn Vögel im Frühjahr zu arg ihr Unwesen in den Saatbeeten treiben, lässt sich auf verschiedene Weise Abhilfe schaffen. Man kann Fichtenreisig oder Vogelnetze über den Saatflächen ausbreiten oder Zwirnfäden kreuz und quer über kleinere Beetflächen spannen. Amseln lassen sich durch rings um die Pflanzen gestreute, stark duftende Tagetessamen (nicht aus dem Tütchen, sondern aus getrockneten Blütenköpfchen)

von Blumen abhalten. Spatzen werden aus jungen Bäumen und Sträuchern vertrieben, wenn man an Fäden befestigte, durchgeschnittene Knoblauchzehen an die Zweige hängt.

Stauden stützen ◆ Schwachstielige Stauden kann man unauffällig mit Reisig stützen. Frühzeitig eingesteckt, werden die Reiser schnell von den Blüten überwachsen und sind dann kaum mehr zu sehen. Schwere Blütenköpfe lassen sich einfach mit Astgabeln stützen, die so in den Boden gesteckt werden, dass die Gabel den Blütenkopf trägt. Ausladende Stauden hält man mit 4 bis 5 stabilen Stützstäben zusammen, die um die Pflanzen herum in die Erde gesteckt und mit einer gespannten Schnur verbunden werden.

Stockrose ◆ Wegen ihres hohen, aufrechten Wuchses und der großen Blütenkerzen wirkt die ungefüllte Stockrose *(Alcea rosea)* am besten vor Zäunen, an einer sonnigen Hauswand oder in kleinen Gruppen als Blickfang im Blumenbeet. Eine einzige Blüte liefert bis zu 40 Samen. Man bewahrt sie nach Blütenfarben getrennt in beschrifteten Gläsern oder Tütchen auf und kann dann gezielt gegen andersfarbige Stockrosen tauschen.

> **Will man erfahren, ob eine Frau Kinder bekommt,**
> **muss man ihren Harn auf die Stockrose gießen.**
> **Verdorrt sie in drei Tagen,**
> **ist die Frau unfruchtbar,**
> **bleibt sie grün, ist mit Kindersegen zu rechnen.**

Tochterzwiebeln überwintern ◆ Beim Ausgraben frostempfindlicher Zwiebelpflanzen stellt man fest, dass sich bei vielen kleine Tochterzwiebeln gebildet haben. Wenn sie vorsichtig abgetrennt und im nächsten Frühjahr eingegraben werden, wachsen sie zu neuen, eigenständigen Pflanzen heran. Zum Überwintern füllt man die Zwiebelchen in kleine Netze und hängt sie an einem trockenen Ort auf. In den ersten Wochen schüttelt man die Netze wiederholt leicht durch, damit von allen Seiten Luft an die Zwiebeln kommt und sie richtig trocknen können.

Tulpenzwiebeln ausgraben ◆ Wenn man nach dem Vergilben der Blätter die Zwiebeln von Tulpen ausgräbt, die Brutzwiebeln abnimmt und alle Zwiebeln an einem anderen, gut mit Humus versorgten Platz wieder einpflanzt, bleibt die Blühkraft der einzelnen Zwiebel erhalten. Lässt man die Zwiebeln am gleichen Platz im Boden, werden die Blüten von Jahr zu Jahr kleiner oder erscheinen gar nicht mehr.

> **Der Mai bringt Blumen dem Gesichte,**
> **dem Magen aber keine Früchte.**

Wassertürme für Blumenkästen ◆ In einem Blumenkasten stehen die Pflanzen sehr beengt und verfügen über wenig Wurzelraum. Sie können deshalb schnell austrocknen, wenn nicht laufend kontrolliert wird. Man kann aber für einen Wasservorrat sorgen, indem man eine mit Wasser gefüllte Flasche kopfüber in die Erde steckt. Das Wasser sickert nach Bedarf nach und nach ein. Auch während des Urlaubs lassen sich die Pflanzen mit dieser ebenso einfachen wie wirkungsvollen Methode mit Wasser versorgen. Man muss nur herausfinden, wie groß der Wasserbedarf für die Zeit der Abwesenheit ist, und setzt dann dementsprechend viele Flaschen ein.

Wurzelschutz für Krokusse ◆ Krokusse kümmern oft im Rasen, weil ihre Wurzeln durch den Grasfilz behindert werden. Dies lässt sich durch einen einfach konstruierten Wurzelschutz verhindern. Man nimmt einige Tonblumentöpfe, schlägt vorsichtig den Boden heraus und gräbt sie bis zum Rand in den Rasen ein. Dann steckt man die Blumenzwiebeln hinein. Die Wurzeln wachsen zunächst senkrecht in den Boden, unterwandern auf diese Weise den Grasfilz und können sich dann ungestört darunter ausbreiten.

Im Obstgarten

„Das Pflanzen machte es nicht allein,
der Baum will auch gepfleget sein."

Die bewährten und praktischen Tipps und Anregungen sorgten schon in Großvaters Obstgarten für saftige Früchte und reiche Ernte.

Äpfel haltbar machen ◆ Wer mag noch Äpfel essen, die während der Lagerung schrumpelig geworden sind? Mit einem altbewährten Trick lässt sich die Haltbarkeit wesentlich verlängern. Man besprüht die Äpfel mit Zwiebelschalen- oder Schachtelhalmtee. Beide schützen vor Pilzbefall und beeinträchtigen in keiner Weise den Geschmack der Äpfel. Früher legte man die hölzernen Obstkisten mit Brennnessel- oder Walnussblättern aus, deren biologisch wirksame Inhaltsstoffe den Verfall hemmen sollten.

Apfelernte mit Geduld ◆ Wenn im August die ersten Äpfel reif sind, sollte man mit der Ernte nicht zu voreilig sein. Der optimale Geschmack und die Haltbarkeit der Früchte hängen vom richtigen Erntetermin ab. Den erkennt man an der so genannten Haftfestigkeit. Kurz vor der Vollreife bilden Apfelbäume an der Ansatzstelle des Fruchtstiels eine Korkzellenschicht als Trenngewebe (Sollbruchstelle) aus. Sie ist an einer leichten Einschnürung zu erkennen. Jetzt lassen sich die Früchte bereits durch leichten Druck auf diese Stelle oder leichtes Anheben pflücken.

Beerensträucher durch Absenker vermehren ◆ Brombeeren, Johannisbeeren und Stachelbeeren können im Frühsommer durch Absenker vermehrt werden. Man lockert den Boden und versorgt ihn mit etwas Kompost. Dann wählt man kräftige 1- oder 2-jährige Triebe aus und biegt diese in einem möglichst kurzen Bogen zur Erde hinunter. Die Mitte des Triebs wird entblättert und mit einem Drahthaken so im Boden verankert, dass die beblätterte Spitze nach oben zeigt. Die „Verankerungsstelle“ wird dann mit etwas Erde bedeckt. Der am Boden liegende Teil bildet im Laufe des Jahres Wurzeln aus und kann im Frühjahr von der Mutterpflanze getrennt werden.

Bei der Apfelernte muss man den richtigen Zeitpunkt abwarten.

Birne in der Flasche ◆ Eine Zierde in der hauseigenen Bar, aber auch ein dekoratives Geschenk ist eine Flasche Birnenschnaps, in der eine Birne schwimmt. Die Kunst, die Birne in die Flasche zu bekommen, ist gar nicht so schwer. Man sucht an einem Birnbaum nach der Blüte einen sonnigen Zweig mit gutem Fruchtansatz aus und steckt ihn in eine Flasche. Diese muss so befestigt bzw. gestützt werden, dass der Zweig nicht abbricht. Ist die Birne reif, wird die Flasche gut ausgespült und Birnenschnaps eingefüllt.

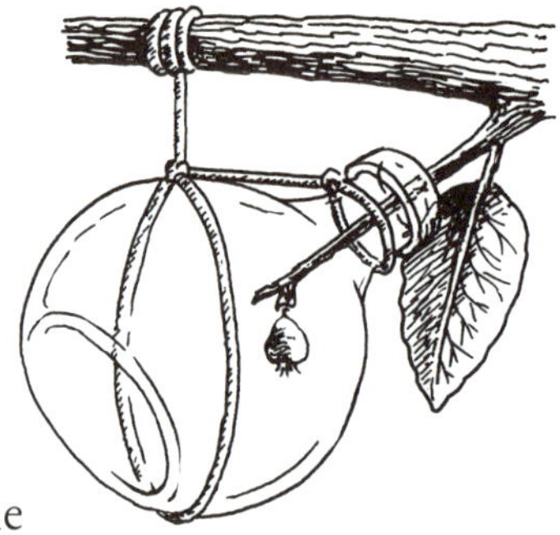

Einsaaten unter Obstbäumen ◆ Im späten Frühjahr ist die günstigste Zeit für eine Grüneinsaat von Lupinen, Sommerwicken oder Perserklee. Sie empfiehlt sich dort, wo im Folgejahr Obstbäume neu angepflanzt werden sollen. Grüneinsaat lockert den Untergrund, wodurch der Pflanzaushub sich verringert, und verbessert den Boden. Ein obstmüdes und vernachlässigtes Erdreich wird dadurch wieder fruchtbar. Empfehlenswert ist auch die Bepflanzung der Baumscheiben mit Heil- und Gewürzkräutern. Ihr intensiver Duft hält Schadinsekten fern. Früher glaubte man, die Kräuter würden sich auf das Aroma der Baumfrüchte auswirken.

Erdbeerwiesen bringen reiche Ernte ◆ Nicht umsonst werden Erdbeerwiesen immer beliebter, auf denen man die Früchte nicht mehr in Reihen, sondern flächig anbaut. Es gibt bestimmte Erdbeerzüchtungen, die besonders viele Ausläufer treiben und damit schnell größere Flächen bedecken. Im

Gegensatz zu den Kultursorten, bei denen im Juni die Ranken abgeschnitten werden, damit die Pflanzen Kraft sparen, freut man sich auf Erdbeerwiesen über den natürlichen Nachwuchs. Die Früchte sind zwar etwas kleiner, schmecken aber köstlich.

Erntezeit ◆ Egal, um welche Frucht es sich handelt – ernten sollte man sie möglichst bis 10 Uhr morgens. Denn bis zu dieser Uhrzeit besitzen viele Obstsorten – vor allem die Erdbeeren – das intensivste Aroma, und sie schmecken dann einfach am besten.

Fallobst nicht auf den Kompost ◆ Frühzeitig abgefallenes Obst, das sich nicht mehr verwerten lässt, sollte vollständig aufgesammelt, aber nicht auf dem Kompost entsorgt werden. Möglicherweise darin nistende Schädlinge und Krankheitserreger lassen sich so nicht sicher vernichten.

Frostschutz für die Obstbaumblüte ◆ Hierzulande sind Obstbaumblüten durch späte Nachtfröste gefährdet. Fast jedes Jahr wird ein Teil durch Temperaturen unter dem Gefrierpunkt zerstört. Bei leichten Nachtfrösten hilft eine einfache Methode. Man besprüht die Blüten leicht mit Wasser, dem Baldrianextrakt beigemischt wurde (Herstellerangaben beachten). Niedrige Obstgehölze lassen sich durch Grablichter wärmen. Man stellt sie auf einen Tonuntersetzer, zündet sie an und stülpt Tontöpfe darüber. Der Ton erwärmt sich und gibt die Wärme an die Umgebung ab.

Fruchtbehang ausdünnen ◆ Bei Obstbäumen muss das Verhältnis von Blattmasse und Fruchtbehang stimmen, weil sonst die Früchte nicht ausreichend versorgt werden. Ein gutes Maß für den Abstand von Frucht zu Frucht ist die Spannweite von Daumen und Zeigefinger. Schlecht entwickelte Früchte werden herausgepflückt.

Gedörrte Äpfel ◆ Ehe eingelagerte Äpfel verderben, lassen sie sich durch Dörren (Trocknen) konservieren. Man entfernt das Kerngehäuse und den Stiel, schneidet die Früchte in Ringe und taucht diese kurz in Zitronenwasser. Dann werden sie locker auf eine feine Schnur aufgezogen und dicht über der Heizung aufgehängt.

Gerste hilft beim Anwachsen ◆ Um das Anwachsen von Obstbäumen zu unterstützen, kann man in das Pflanzloch eine kleine Schaufel keimfähige Gerstensamen geben. Unter dem Wurzelballen beginnen diese bald zu keimen, sorgen für Wärme und produzieren Wuchsstoffe, die das Wachstum fördern. Weil die Keime ohne Licht und Sauerstoff nicht weiterwachsen können, verrotten sie bald und liefern dabei nochmals Wärme und Nährstoffe. Gerstenkörner kann man selbst auf abgeernteten Feldern sammeln.

> **Der Apfel ist die vorzüglichste Obstart für Bürger und Landmann in Deutschland. Er dient ihm und seinen Kindern und Hausgenossen zur gesunden und erquickenden Speise und erspart damit manches Stück Brot.**

Grauschimmel bei Erdbeeren vorbeugen ◆ In einem regenreichen Sommer treten verstärkt Pilzkrankheiten auf. Insbesondere Erdbeeren, die am Boden liegen, werden schnell von dem grauen Pilzrasen überwachsen und faulen schließlich. Bewährt hat sich in feuchten Jahren eine Mischkultur mit Zwiebeln und Knoblauch. Sie schützt nicht nur vor Grauschimmel, sondern auch vor der Erdbeermilbe.

Wurde die Mischkultur versäumt, kann man Zwiebelabfälle zwischen die Erdbeeren legen oder eine Zwiebeljauche herstellen: 500 g Zwiebelabfälle mit 5 Liter Wasser ansetzen. Zugedeckt 7 Tage stehen lassen und 1:10 verdünnt über die reifenden, noch grünen Erdbeeren gießen.

Heidelbeeren lieben sauren Boden ◆ Dieses klimatisch anspruchslose Beerenobst gedeiht nur in einem sauren Boden mit einem pH-Wert zwischen 4 und 5. Es empfiehlt sich, beim Pflanzen der Sträucher den Erdaushub mit Nadelholz-Rindenmulch zu mischen und das obere Viertel des Pflanzlochs nur damit aufzufüllen.

Johannisbeeren schneiden und ernten ◆ Bei Johannisbeeren tragen vor allem die 2- bis 4-jährigen Zweige viele große Beeren. Mit dem Alter werden die Früchte kleiner. Äste, die im ersten Jahr gewachsen sind, tragen noch gar nicht. Deshalb sollte für ein ausgewogenes Verhältnis von 1- bis 4-jährigen Trieben gesorgt werden. Man schneidet jährlich zur Erntezeit einige der ältesten, Beeren tragenden Zweige (sie sind

Für Johannisbeeren findet sich in jedem Garten ein sonniges Plätzchen.

an der dunklen Rinde zu erkennen) bodennah ab und legt sie auf einen Gartentisch. Auf diese Weise kann man auch die Beeren mühelos ernten, ohne sich bücken zu müssen. Es werden genauso viele junge Triebe wie alte – also 3 bis 4 – am Strauch gelassen, der Rest wird herausgeschnitten. Nach der Ernte Boden rund um die Sträucher lockern und mit reifem Kompost düngen.

Soll'n Feld und Garten wohl gedeihn,
dann braucht's im Juni Sonnenschein.

Kalkanstrich bei Obstbäumen ◆ Im Winter und zeitigen Frühjahr kann Frost den Obstbäumen Schaden zufügen. In den Mittagsstunden erwärmt sich die dunkle Rinde unter der Sonneneinstrahlung rasch, und die Zellen dehnen sich aus, weil sie sich mit Stoffwechselwasser füllen. Setzt dann nachts der Frost ein, ziehen sie sich wieder zusammen. Läuft dieser Temperaturwechsel zu extrem ab, sprengt er die Rinde – Frostrisse (die Rindenschicht ist aufgerissen), Frostspalten (im Holz klaffen tiefe Spalten) oder Frostplatten (ganze Rindenplatten lösen sich ab) sind die Folge. Als Schutz vor diesen Verletzungen empfiehlt es sich, die Obstbaumstämme mit einem hellen Kalkanstrich zu versehen. Er reflektiert die Sonnenstrahlung und mindert somit die entstehende Wärme.

Kirschen vor Vogelfraß schützen ◆ Vögel wissen die süßen und saftigen Früchte ebenso zu schätzen wie wir und veranstalten in Kirschbäumen oft regelrechte Festessen. Um ihnen den Appetit zu verderben, hängt man in den Bäumen Glasstücke so auf, dass sie sich beim geringsten Lufthauch berühren, klirren und blinken.

> **Im September die Birnen fest am Stiel,**
> **bringt der Winter Kälte viel.**

Im Lagerraum muss stets für ausreichend Frischluft gesorgt werden.

Konstant ertragreiche Ernten ◆ Tragen Obstbäume nach einem ertragreichen Jahr im nächsten nur mehr wenig Früchte, ist dies ein natürlicher Vorgang – sie wollen Kraft sparen. Wenn der Obstgärtner aber jedes Jahr gleich viel ernten will, so gibt es zwei Möglichkeiten: Man entfernt im Frühjahr einen Teil der Blüten oder dünnt Ende Juni den Fruchtansatz aus, sobald der Fruchtfall (Bäume befreien sich auch selbstständig von zu viel Ballast) beendet ist. Zusätzlich werden einige Fruchtbüschel abgenommen, die restlichen ausgedünnt. Es bleiben jeweils nur 2 bis 3 Früchte pro Büschel.

Löwenzahn gegen Blattvergilbung ◆ Wurzel und Blätter des Löwenzahns sind altbewährte Heilmittel für Mensch und Tier. Aber auch an Blattchlorose erkrankte Obstbäume – bedingt durch Eisenmangel – lassen sich durch eine Unterpflanzung mit Löwenzahn vollkommen heilen. Man gräbt im Frühjahr die jungen Löwenzahn-Pflanzen aus der Wiese aus und setzt sie auf die Baumscheiben.

Luftfeuchtigkeit im Lagerraum ◆ Zum Einlagern von Obst eignen sich am besten kühle, nicht zu trockene Kellerräume mit einer Temperatur von 4 bis 8 °C. Die Keller in Neubauten sind meist zu warm und zu trocken. Um hier die Luftfeuchtigkeit zu erhöhen, verteilt man Ziegelsteine im Raum und wässert sie wiederholt. Die porösen Steine saugen sich voll und geben Feuchtigkeit an die Umgebung ab. Auch für ausreichend Frischluft muss gesorgt werden. Ergeben sich andererseits Probleme mit der Obsteinlagerung wegen zu hoher Luftfeuchtigkeit, stellt man einige flache, mit Salz gefüllte Schalen auf. Das Salz entzieht der Umgebung Feuchtigkeit und kann so schon für Abhilfe sorgen. Das feuchte Salz immer wieder gegen trockenes austauschen.

Nebenobstpflanzen ◆ Darunter versteht man alte und wilde Obstgehölze, die bis Mitte des 19. Jahrhunderts gleichberechtigt neben Äpfeln, Birnen, Pflaumen und Kirschen im Garten standen. Denn damals hatte man noch Platz für sie, und außerdem dienten sie fallweise als Pollenspender für die Kultursorten. Mit zunehmender Verstädterung schrumpften die Gärten, die Obstbäume wurden kleiner, und die Nebenobstsorten verschwanden. Zu ihnen zählen u.a. Holzapfel *(Malus sylvestris)*, Holzbirne *(Pyrus pyraster)*, Mispel *(Mespilus germanica)*, Quitte *(Cydonia oblonga)*, Speierling *(Sorbus domestica)*, Vogelbeere bzw. Eberesche *(Sorbus aucuparia)* und Vogel-Kirsche *(Prunus avium)*. Man sollte diesen Obstgehölzen auch heute wieder einen Platz im naturnahen Garten einräumen. Mispeln und Quitten gedeihen ebenso als dekorative Kübelpflanzen auf Balkon und Terrasse. Vogel-Kirsche und Speierling dagegen eignen sich als stattliche Bäume für größere Gärten.

Kühl gelagert bleiben in Gläsern konservierte Früchte lange frisch.

Obst einlagern ◆ Nur unbeschädigtes, sauberes und trockenes Obst kann gelagert werden. Auf eventuelle Wurmlöcher ist zu achten. Zum Lagern eignen sich flache Holzkisten, in denen man die Früchte in einer Lage nebeneinander auslegt, sodass sie sich nicht berühren. Äpfel muss man getrennt von anderem Obst und von Gemüse aufbewahren, denn sie scheiden ein Gas (Ethylen) aus, das als Pflanzenhormon wirkt, andere Früchte schneller reifen lässt und Kartoffeln zum Keimen anregt. Beim Einlagern von Äpfeln unterscheidet man zwischen Herbstsorten, die etwa bis Dezember lagerfähig sind, und Wintersorten, die bis ins Frühjahr haltbar bleiben. Die Früchte sollten regelmäßig kontrolliert werden.

Obst in Gläsern konservieren ◆ Früchte lassen sich auch ohne Einkochen und unaufwendig konservieren. Es werden dazu nur einwandfreie, weder grüne noch ganz reife Früchte verwendet, die einige Tage gelegen haben. Man nimmt große Einmachgläser, wäscht diese heiß und gründlich aus und stellt sie in die Sonne oder auf die Heizung, damit jegliche Flüssigkeit entweicht. Die Früchte werden hineingelegt und die Gläser luftdicht verschlossen. An einen kühlen Platz gestellt, behalten die Früchte in den Gläsern lange Zeit ihre Frische.

> **Blühende Obstbäume sind nach**
> **starkem Platzregen zu schütteln,**
> **und nach Spätfrösten sind morgens**
> **vor Sonnenaufgang die Blüten zu besprengen.**

Obst verwerten ◆ Wer selbst Marmeladen, Gelees oder Obstsäfte herstellen will, kann seinem Geschmack und der Fantasie freien Lauf lassen. So viele Konfitüren im Handel auch angeboten werden – selbst eingemacht und kombiniert schmecken sie am besten. Marmelade stellt man aus zerkleinerten Früchten, Gelees aus Fruchtsäften her. Nur frische, reife Früchte ohne Druckstellen verwenden. Saft lässt sich frisch oder erhitzt aus fast jedem Obst gewinnen.

Obstbäume düngen ◆ Alle zwei Jahre sollte man eine Düngung im Obstgarten vornehmen. Am besten ist im Herbst ausgebrachter, ein Jahr lang kompostierter Stalldung. Ist eine Mistkompostdüngung nicht möglich, erfüllt ein guter Pflanzenkompost mit eingestreutem Knochen- und Hornmehl ebenfalls seinen Zweck. Zu empfehlen ist eine Zugabe von Steinmehl, insbesondere bei sandigem Boden. Die Qualität der Früchte lässt sich damit erhöhen. Ebenfalls als Dünger geeignet sind dem Kompost beigemischte Holz- und Knochenasche.

Obstbaumverbände kontrollieren ◆ Frisch gepflanzte Obstbäume haben den Sommer über kräftig an Stammumfang zugelegt. Es wird Zeit, die Schnüre zu kontrollieren, mit denen man die jungen Bäume an den Stützpfählen befestigt hat. Zu stramme Achterschlaufen lockern, ehe sie in die Baumrinde einschneiden.
Sie sollten aber immer noch ausreichend fest sitzen. Wenn sie zu locker sind, kann es bei Wind zu Schürfwunden kommen.

Obstgehölze an Südwänden ◆ Birnen, Aprikosen, Pfirsiche und Weinreben, die hier am besten ausreifen, sind im Spätwinter durch starke Sonneneinstrahlung und nachfolgende Nachtfröste gefährdet. Mit über die Gehölze gespannten Jutesäcken lassen sich die Temperaturgegensätze mildern und Frostschäden vermeiden. Auch die Stämmchen sollte man mit Reisig schützen.

Pferdemist schützt vor Dauerfrost ◆ Obstgehölze werden in der Regel im Spätherbst gepflanzt und sind bei Frosteinbruch noch nicht fest eingewurzelt. Die ersten Fröste machen ihnen noch nichts aus. Dauerfrost jedoch bekommt den jungen Pflanzen nicht, zumal der Boden dadurch austrocknet. Hier hilft eine dicke Schicht Pferdemist, die man auf die Baumscheibe packt. Sie hält warm und schützt vor Austrocknung. Man kann auch noch etwas Holunderhäcksel untermischen. Der Mist darf allerdings nicht mit dem Stamm in Berührung kommen. Man umwickelt diesen am besten mit Stroh oder Jute. Im Frühjahr wird der Mist entfernt und kommt auf den Kompost.

Pflaumen, Zwetschgen, Mirabellen ◆ An ihnen hat jeder Gartenbesitzer Freude. Denn diese Obstsorten sind wuchsfreudig, bringen reichen Früchtesegen und sind weniger anfällig gegen Schädlings- und Krankheitsbefall als Äpfel und Birnen. Die reifen Früchte eignen sich nicht zum Lagern. In Marmeladen, Mus, Säften und Obstbränden hingegen bleibt ihr wunderbares Aroma erhalten.

> Wenn der September noch donnern kann,
> setzt das Obst viel Blüten an.

Raupen vertreiben ◆ Mit Seifenwasser kann man Raupen zu Leibe rücken, die sich in Obstbäumen eingenistet haben. Um einen Stock mit entsprechender Länge wickelt man an der Spitze Wolle, tränkt diese mit (Schmier-) Seifenwasser und drückt sie auf den Raupennestern aus.

Rebenpflege vor der Weinernte ◆ Nicht nur in den Weinanbaugebieten läuft im September die Weinernte auf Hochtouren. Auch in den Hausgärten reifen jetzt die Trauben aus. Damit sie auch süß und saftig schmecken, sollten sie noch einmal richtig Sonne tanken. Es empfiehlt sich deshalb, nochmals überflüssige Seitentriebe sowie Blätter, die unnötig Schatten auf die Trauben werfen, zu entfernen. Damit die Vögel den Ernteertrag nicht erheblich schmälern, sollte man die Trauben mit Gazesäckchen schützen. Faulige Früchte werden ebenfalls entfernt.

Nach dem Michaelstag (29. September) sollst du
keine Brombeeren mehr pflücken,
weil der Teufel darauf gespuckt hat. Denn als der Satan
vom Himmel stürzte, fiel er in einen Brombeerbusch.

Schöne Früchte ◆ Mit Hilfe eines kleinen Tricks lassen sich besonders schöne Früchte (früher nannte man sie „Schaufrüchte") ernten. Man umhüllt sie mit einem Gazesäckchen oder einem Frühstücksbeutel. So werden sie vor Vogel- und Schädlingsfraß sowie Hagel geschützt. Die Beutel muss man regelmäßig kontrollieren, da sich Wespen auch durch Papier fressen können.

Sommerschnitt bei Obstbäumen ◆ Von Johanni (24. Juni) bis Mitte Juli sollte man bei Obstgehölzen den Sommerschnitt durchführen. Dabei werden nur die jungen, noch weichen Triebe über dem vierten bis sechsten Blatt entspitzt. Möglichst ein scharfes Messer und nicht die Schere benutzen. Kräftige Stammausschläge schneidet man ab. Wurzelschösslinge werden dort, wo sie entstehen, abgerissen. Durch den Grünschnitt im Juni soll zu starkes Triebwachstum eingeschränkt und die Bildung neuer Blütenknospen gefördert werden. Deshalb nimmt man nach dem Sommerschnitt auch Neuaustriebe ab, nur der erste davon bleibt stehen.

Spalierobst ◆ Für kleine Gärten hat man das Ziehen von Spalierobst wieder entdeckt, und fast alle Obstsorten eignen sich dazu. Sie gedeihen, mit Ausnahme von Äpfeln, vorzugsweise an Hauswänden. Dabei lassen sich alle Hausseiten bzw. Himmelsrichtungen ausnutzen: An der vollsonnigen Südseite finden Pfirsich-, Aprikosen- und Weinspaliere Platz, auf der Südwestseite gedeihen

Fast alle Obstsorten lassen sich an Spalieren ziehen.

Mirabellen und Pflaumen, auf der Ost- und Westseite Süßkirschen. Schattenmorellen fühlen sich an der Nordseite wohl. Äpfel stehen lieber frei und können als Spalier sogar als Hecke dienen. Von den Gärtnern vergangener Zeiten wurden kunstvolle Spalierformen erzogen. Hierzulande ist diese Kunst nahezu verloren gegangen.
An alten Villen oder in Botanischen Gärten kann man solche alten Spalierformen ab und zu noch finden.
Wer den Spalierobstschnitt beherrscht, kann sie ganz einfach nachziehen.

Wespenfallen ◆ Noch ehe das Obst richtig reif ist, wird es schon von Wespen umschwärmt und angefressen. Die Früchte faulen und fallen ab. Nimmt die Wespenplage überhand, sollte man mit Wespenfallen vorbeugen. Man hängt zum Beispiel mit Zuckerwasser gefüllte Flaschen direkt in die Obstbäume oder füllt fast leere Marmeladengläser mit Wasser, verschließt sie mit Haushaltsfolie und schneidet in diese ein kleines Loch hinein. Durch dieses krabbeln die Wespen in das Glas, finden an der Folie keinen Halt mehr und kommen so nicht mehr aus dem Glas heraus. Wespenfallen muss man regelmäßig kontrollieren, damit sich keine anderen Insekten darin verfangen.

Im Gemüse-garten

„Der düng' und pflüg'
und grabe viel."

Diese Bauernregel bringt es auf den Punkt: Gesundes Gemüse und eine reiche Ernte verlangen die richtige Sortenwahl, einen optimalen Standort und regelmäßige Pflege.

Alte Gemüsesorten ◆ Portulak, Mairübchen, Karde (Cardy), Pastinake, Gartenmelde und Guter Heinrich – ihre Namen kennt heute kaum noch jemand. Früher jedoch waren diese Gemüsesorten in vielen Gärten heimisch. Sie alle haben einen intensiven Geschmack, enthalten viele Vitamine und sind überaus gesund. In Großmutters Küche wurden daraus delikate Gerichte zubereitet. Wer diese alten Gemüsesorten genießen will, muss sie im eigenen Garten ziehen, denn im Handel wird man sie meist vergeblich suchen. Sie lassen sich problemlos anbauen, sind meist wenig anspruchsvoll und kaum anfällig für Krankheiten. Nicht von allen Arten sind die Samen bzw. Jungpflanzen in Gärtnereien oder Gartencentern erhältlich. Dort kann man sich jedoch nach Gartenbetrieben erkundigen, die sich auf alte Gemüsesorten spezialisiert haben.

Der Cardy gilt als Stammform der Artischocke.

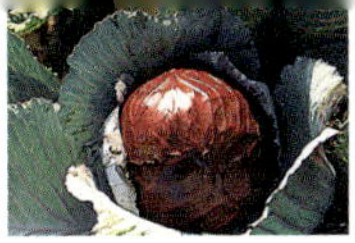

Aussaat ◆ Soll sie von Erfolg gekrönt sein, ist es wichtig, die Saattermine zu beachten. Es empfiehlt sich, vor jeder Aussaat den Boden mit Schachtelhalm-Brühe (1:10 verdünnt) zu spritzen, sie wirkt vorbeugend gegen Pilzkrankheiten. Grundsätzlich gilt: Dünn aussäen (bei kleinem Saatgut evtl. fein gesiebten Sand untermischen), und so dick wie das Saatgut bzw. -korn ist, so hoch sollte es mit Erde bedeckt werden: „Kleine Samen flach bedeckt, große Samen tief versteckt.“ Früher bastelten die Gärtner Streudosen, um zu dichtes oder zu klumpiges Säen zu vermeiden. Zum gleichmäßigen Verteilen feiner Samen erweisen sich Salzstreuer als recht hilfreich.

Auswahl der Gemüsesorten ◆ Sie hängt in erster Linie davon ab, was der Hobbygärtner am liebsten isst. Es sollten aber vor allem auch Gemüsearten angebaut werden, die möglichst frisch auf den Tisch kommen (Salat, Radieschen, Tomaten) oder nur selten im Handel erhältlich sind (Mangold, Wachsbohnen). Wer nur wenig Platz in seinem Garten zur Verfügung hat, verzichtet am besten auf Gemüse, das eine lange Kulturzeit hat, viel Platz benötigt und im Handel preiswert angeboten wird (Kohl, Küchenzwiebeln).

Säe und pflanze bei zunehmendem Monde,
wenn der Spross verwendet werden soll.
Säe bei abnehmendem Monde,
wenn die Wurzel verwendet werden soll.

Einfassung für Einzelbeete ◆ Wer in seinem Gemüsegarten keinen Platz für eine großflächige Mischkultur hat, sondern kleine Einzelbeete anlegen will, sollte jedes Beet nach Art der alten Klostergärten mit einer kleinen, ca. 10 bis 15 cm hohen Hecke einfassen. Das sieht nicht nur hübsch aus, die keimende Saat und die jungen Setzlinge werden dadurch auch vor Wind und Frost geschützt. Zudem verhindert die Einfassung, dass die Erde auf den Weg abrutscht. Heute sind Buchseinfassungen sehr beliebt, früher bevorzugten die Gärtner Pflanzen, die auch in Küche und Haus gut zu verwerten waren wie zum Beispiel Schnittlauch, Thymian und den beinahe vergessenen Sauerampfer. Er wurde zum Polieren von Kupfer- und Messinggeräten benutzt.

Buchseinfassungen für Beete sind nach wie vor sehr beliebt.

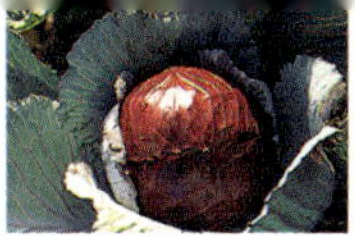

Erbsen aussäen ◆ Erbsen werden im März alle 2 Wochen ausgesät. Man fängt mit den wenig kältempfindlichen Palerbsen an, danach kommen die Markerbsen, die mehr Wärme brauchen. Mitte Juni wird die Erbsenaussaat beendet. Man legt 3 bis 5 Erbsen im Abstand von 30 cm aus. Gegen Vogelfraß kann man mit einem Saatbad mit kaltem Wermuttee vorbeugen. Sind die Pflanzen 20 cm hoch, wird angehäufelt. Damit später die jungen Erbsen nicht auf dem Boden liegen, lässt man sie an einem ca. 50 cm hohen, zwischen Pfählen gespannten Maschendraht entlang der Saatreihe hochranken.

Erdmiete ◆ Bewährt hat sich auch die Gemüse-Lagerung in Erdgruben. Je nach Bedarf hebt man eine 50 bis 70 cm tiefe Grube aus, kleidet sie zum Schutz vor Mäusen mit feinmaschigem Draht aus und füllt sie mit dem Erntegut. Abgedeckt wird die Grube mit Stroh sowie zum Schutz vor Regen mit Wellblech. Das Gemüse hält sich in dieser Erdgrube dann bis in das späte Frühjahr hinein frisch.

Blumenkohl im Mai, gibt Köpfe wie ein Ei.

Ernte ◆ Am besten schmeckt Gemüse, wenn es jung und zart ist. Eine rechtzeitige Ernte fördert bei vielen Arten sogar noch den folgenden Fruchtansatz. Die Früchte von Bohnen und Erbsen werden am besten mit der Schere abgeschnitten. Zum Pflücken immer beide Hände nehmen, damit die Pflanze nicht beschädigt oder herausgerissen wird. Bei Gurken, Zucchini und Kürbissen, die schnell heranwachsen, sollten die Früchte nicht zu groß werden. Die Kerne im Inneren lassen sich dann nicht mehr mitessen, und das Fruchtfleisch wird fad oder wässrig. Ehe man Wurzel- oder Knollengemüse aus der Erde zieht, den Boden mit der Grabgabel etwas lockern, damit das Grün nicht abbricht und die Wurzel im Boden steckenbleibt.

Erntespuren beseitigen ◆ Nach der Ernte bleiben meist Löcher im Boden zurück, die gleich wieder zugeschüttet werden sollten. So verhindert man einerseits die Austrocknung des Bodens und versperrt andererseits Schädlingen (zum Beispiel Kohl- oder Möhrenfliege) den Zugang. Die könnten möglicherweise ihre Eier in die Löcher, direkt neben noch nicht geerntete Pflanzen legen und somit dem heranwachsenden Schädlingsnachwuchs die Speise auf dem Silbertablett servieren.

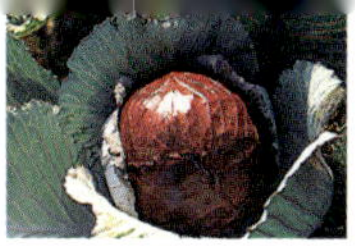

Frostschutz durch Mischkultur ◆ Zum Schutz gegen Spätfröste setzte man früher neben frostempfindliche Pflanzen große, kräftige Pflanzen, die ihre zarten Nachbarn mit ihren Blättern schützten. Bohnen und Gurken zum Beispiel, die erst Mitte Mai keimen, fanden neben Frühkohlrabi Platz, der dann bereits gut entwickelt war.

Fruchtwechsel ◆ Der erfahrene Gemüsegärtner weiß, dass bei mehrjährigem Anbau gleicher Gemüsearten an derselben Stelle die Erträge sinken und der Boden „müde“ wird. Man teilt daher die Gemüsebeete in drei Abteilungen ein und pflanzt in jede eine andere Gemüsegruppe, sodass sich eine dreijährige Fruchtfolge ergibt. Es empfiehlt sich, einen Anbauplan anzulegen, in dem genau eingetragen wird, in welchem Jahr welches Gemüse gepflanzt bzw. ausgesät wurde. Dann muss man sich nicht ausschließlich auf sein Gedächtnis verlassen und kann schon im Winter für das nächste Frühjahr planen.

Gemüsesamen richtig lagern ◆ Saatgut muss unbedingt trocken aufbewahrt werden, denn die Keimfähigkeit geht rasch verloren, wenn es feucht und warm gelagert wird. In geschlossenen Keimschutzpackungen ist es auch nach einem Jahr noch keimfähig. Angebrochene Samentüten lassen sich gut in Weckgläsern mit festem Gummiverschluss aufbewahren. Zur Entfeuchtung legt man ein Leinensäckchen mit Ätzkalk mit in das Glas, er entzieht der umgebenden Luft Feuchtigkeit und

bindet sie an sich. Auf die gleiche Weise wirkt Blaugelentfeuchter, ein Trocknungsmittel, das aus blauen Körnern besteht, die sich rosa färben, wenn sie zuviel Feuchtigkeit aufgenommen haben. Die Gläser müssen an einem kühlen Platz stehen. So gelagert, bleiben die meisten Gemüsesamen dann 3 bis 5 Jahre keimfähig.

Junges Gemüse ernten ◆ Wenn Gemüse, das eine kurze Kulturzeit hat, in kleinen Mengen und zweiwöchigem Abstand gepflanzt wird, kann man immer junges und zartes Gemüse ernten und bleibt nicht auf verholztem Kohlrabi oder geschossenem Salat „sitzen".

Jungpflanzen setzen ◆ Damit die ersten vorgezogenen und im Frühjahr ins Freie gesetzten Jungpflanzen auch wirklich gut anwachsen, sollte man Folgendes beachten: Der Boden muss feucht sein. Damit die Pflanzen viele kleine Seitenwurzeln bilden, kneift man vor dem Setzen die Spitzen der Wurzeln ab. Zum Schutz vor Pilz- und Bakterienbefall werden dann die Wurzeln in einen mit Schachtelhalmbrühe (siehe Seite 123) angerührten Lehmbrei getaucht. Nach dem Einsetzen muss man gut angießen.

Ist der Himmel grau in grau,
passt's Wetter für's Verpflanzen
ganz genau.

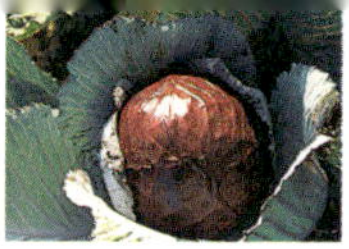

Kohl ernten und lagern ◆ Alle Kohlarten mit festen Köpfen (Rotkohl, Weißkohl, Wirsing) sind sehr empfindlich. Will man ihre Köpfe einlagern, dürfen sie bei der Ernte weder geworfen werden, noch auf den Boden fallen! Sie bekommen sehr leicht Druckstellen und faulen dann im Inneren. Zur Lagerung schlägt man alle Kohlarten in feuchtem Sand ein. Sie lassen sich aber auch sehr gut im Freien in einer Erdgrube einschlagen.

Alle Kohlarten wollen "sanft" geerntet werden.

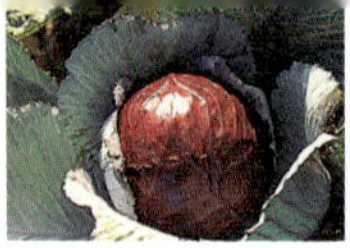

Lagerung ◆ Lagergemüse sollte gut von anhaftender Erde befreit, trocken und unbeschädigt sein. Vor dem Einlagern nicht waschen! Möhren, Sellerie und Rote Bete halten sich, lagenweise in Sand eingeschlagen, viele Wochen knackfrisch. Vor dem Einlegen das überflüssige Kraut entfernen, ohne dabei die Wurzel zu beschädigen. Lauchstangen kann man zu 2/3 in einen Behälter mit Sand stellen. Auch dabei ist darauf zu achten, dass die Lauchstangen trocken sind. Kartoffeln lassen sich in Kisten übereinander lagern. Sie sollten aber abgedunkelt werden, damit sie nicht frühzeitig anfangen zu keimen. An Kohlköpfen lässt man noch einen kleinen Teil des Wurzelstrunks stehen, entfernt alle nicht dicht anliegenden Blätter und legt die Köpfe mit dem Strunk nach unten ins Regal.

Zur Lagerung werden die Lauchstangen in Sand gesteckt.

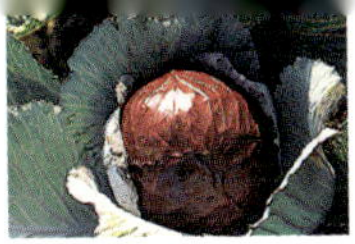

Lichtschächte als Gemüsemiete ◆ Tief liegende, vor Regen geschützte Lichtschächte vor Kellerfenstern lassen sich recht gut zur Einlagerung von Gemüse nutzen. Zuvor müssen sie gründlich gesäubert und mit Strohmatten oder Styroporplatten ringsum isoliert werden. Dann kann das Gemüse, je nach Art, in Erde, feuchtem Sand oder in Stroh gelagert werden. Abgedeckt wird mit Laub oder Stroh.

Meerrettich für gesunde Kartoffeln ◆ Nicht nur aufgrund des hohen Vitamin-C-Gehalts, sondern wegen seiner Abwehrkräfte gegen bakteriöse Kartoffelkrankheiten sollte Meerrettich in keinem Gemüsegarten fehlen. Von den im Herbst geernteten Wurzeln können einige der dünnen Seitentriebe (Fechser) über den Winter in feuchtem Sand für die Neupflanzung aufbewahrt werden. Im März steckt man sie dann im Abstand von 20 bis 40 cm schräg nach unten in kleine Erdhügel an die vier Ecken der geplanten Anbaufläche für Kartoffeln.

Mischkultur ◆ Pflanzt man verschiedene Gemüsearten im Wechsel zusammen auf ein Beet, bietet das bunte Nebeneinander nicht nur einen schönen Anblick, auch die Nährstoffreserven im Boden werden optimal genutzt. Zudem wird Platz gespart, wenn man abwechselnd hohe, schmale und niedrige, breite Arten zusammenpflanzt. Dabei dürfen sich aber die Pflanzen gegenseitig nicht Platz wegnehmen. Zuvor informiert man sich, welche Arten miteinander verträglich sind und welche nicht. Es vertragen sich zum Beispiel nicht: Salat und Sellerie, Hülsenfrüchte und Zwiebelgewächse, Gurken und Tomaten. Günstig beeinflussen sich gegenseitig: Möhren und Zwiebelgewächse, Radieschen und Salat, Bohnen und Tomaten, Kohl und Mangold.

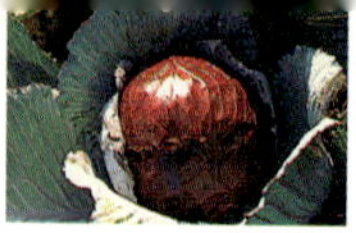

Nachreifen von Tomaten ◆ Hängen im Herbst noch grüne Tomaten am Strauch, so reißt man am besten die ganze Pflanze aus und hängt sie mit den Wurzeln nach oben an einem luftigen, trockenen Platz über Draht auf. Grüne Tomaten können auf diese Weise hervorragend nachreifen. Oder man pflückt die grünen Früchte einzeln ab, wickelt sie in Seidenpapier und bewahrt sie an einem mäßig warmen, halbdunklen Platz sorgfältig ausgebreitet auf. Zusammen mit Äpfeln gelagert wird ihre Nachreife von dem abgegebenen Ethylen gefördert.

Rankgerüst für Gurken ◆ Damit Gurken vor Fäulnis und Grauschimmel geschützt werden, unterstützt man sie mit einem Rankgerüst. Dazu werden Weiden- oder Haselnussruten in flachen Bögen (10 cm hoch) längs und quer über das Beet gesteckt. In Österreich pflanzen die Bäuerinnen die Gurken auf Erdwälle, in die Gruben setzen sie Blumenkohl (Karfiol). Die Gurken brauchen Wärme, der Kohl bevorzugt feuchten Schatten. Auf diese Weise ergänzen sich beide Gemüsearten optimal. Gurken sollten nur morgens geerntet werden, solange es noch kühl ist, damit sich keine Bitterstoffe bilden.

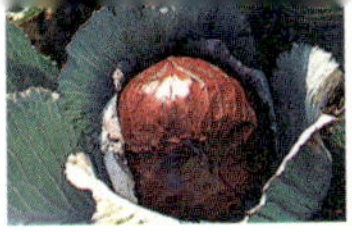

Luftig aufgehängt reifen grüne Tomaten hervorragend nach.

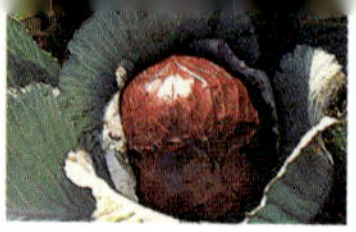

Rhabarber früher ernten ◆ Deckt man im zeitigen Frühjahr die Pflanze mit einer schwarzen Plastikfolie ab oder baut über der Staude einen Folientunnel auf, lassen sich bereits im April die ersten Rhabarber-Stiele ernten. Nach dem Johannistag (24. Juni) sollte Rhabarber jedoch nicht mehr geerntet werden, da dann der Oxalsäuregehalt in den Stielen sich auf gesundheitsschädliche Mengen erhöht. Rhabarberblätter enthalten immer kritische Mengen an Oxalsäure und dürfen niemals gegessen werden.

Saatrillen ziehen ◆ In 40 bis 50 cm Abstand (je nach Gemüseart) über das Freiland gezogen, ersparen Saatrillen die Beeteinteilung und erleichtern den Anbau der Mischkultur. Die Gemüsebeete sollten nicht breiter als 1,20 m sein, damit man sie von beiden Seiten bequem bearbeiten kann.
Die Beete wie auch die Saatrillen werden günstig quer zur Windrichtung, an Abhängen quer zum Gefälle angelegt.

Bläst der April mit beiden Backen,
gibt's genug zu jäten und zu hacken.

Salat aussäen ◆ Grundsätzlich ist es günstiger, Salat an Ort und Stelle auszusäen als ihn auszupflanzen. Gesäter Salat treibt tiefe Wurzeln und schießt weniger schnell als ausgepflanzter. Bei zu viel Wärme keimt Salat unwillig oder gar nicht, die Samen fallen ab einer Temperatur von 20 °C in eine Hitzestarre. Man streut deshalb die Samenkörnchen auf einem feuchten Küchenpapier aus und legt sie 2 Tage in den Kühlschrank. Danach werden sie mitsamt dem Papier in den Boden gelegt und dünn mit Erde bedeckt. Regelmäßig gießen, das Saatgut darf nicht austrocknen! Man kann auch ein feuchtes Sackleinen oder Betttuch auf dem Saatbeet ausbreiten.

Salat wird am besten gleich am vorgesehenen Platz ausgesät.

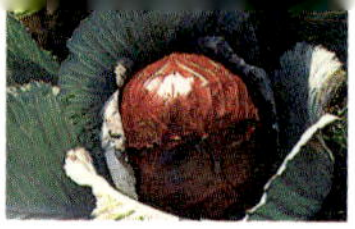

Schwarzwurzeln mit Vorsicht ernten ◆ Werden die Wurzeln bei der Ernte beschädigt, fließt der Milchsaft aus, und das Erntegut verliert an Geschmack. Es ist nicht mehr lagerfähig oder verdorrt gar. Man hebt deshalb längs der Pflanzreihe einen kleinen Graben aus (20 cm breit, 40 cm tief) und drückt dann die Schwarzwurzeln vorsichtig mit der Grabgabel in die Erdfurche.

Standort ◆ Gemüsebeete sollten den besten Platz im Garten erhalten. Da Gemüse in der Regel viel Sonne benötigt, dürfen die Beete im Tagesverlauf nicht zu lang, am besten gar nicht durch Bäume, Sträucher oder Häuser beschattet werden. Der Standort muss warm und windgeschützt sein. An den Windseiten kann man nicht zu hohe Obst- oder Ziersträucher oder auch Sonnenblumen pflanzen, die einerseits den Wind von den Beeten abhalten, sie andererseits nicht zu stark beschatten.

> Vom 8. bis 14. Mai
> müssen Bohnen und Gurken
> in den Boden nei'.

Stangenbohnen ziehen ◆ Der Ertrag von Stangenbohnen lässt sich steigern, wenn sie waagerecht gezogen werden. Man lässt die Ranken an einem Stangengerüst etwa 1 m hoch klettern und führt sie dann waagerecht in mehreren Etagen weiter. Mit dieser Methode werden die Bohnen auch früher reif. Eine weitere Möglichkeit ist ein Bohnen-Wigwam, bei dem 5 Bohnenstangen im Abstand von 40 bis 50 cm im Kreis in den Boden gesteckt und oben fest zusammengebunden werden. Unten legt man an jede Stange 3 bis 4 Bohnen und führt die Ranken in flachen Spiralen um den ganzen Wigwam herum nach oben. Dieser Bohnen-Wigwam bringt darüber hinaus Höhe ins Gemüsebeet und macht sich auch gut als Blickfang im Blumenbeet.

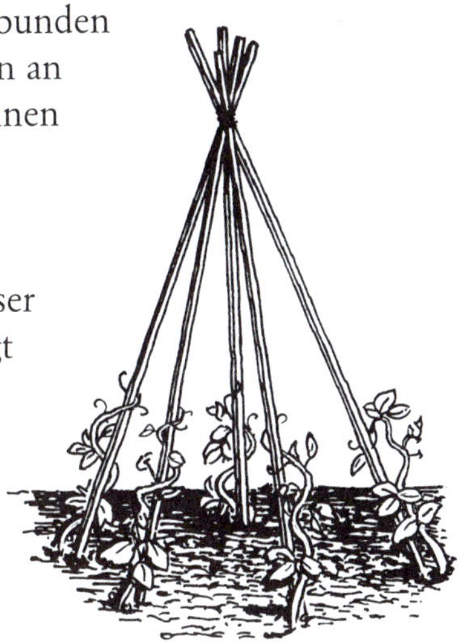

Starkzehrer ◆ Rhabarber, Blatt- und Stielmangold sind stark zehrende Pflanzen, d.h. sie benötigen sehr viel Nährstoffe, um genügend Blatt- und Stielmasse anzusetzen. Den Boden muss man vor der Aussaat oder dem Pflanzen deshalb gut mit verrottetem Mist oder Kompost versorgen und alle 4 Wochen düngen. In den folgenden 3 Anbaujahren sollten auf dem abgeernteten Beet keine Starkzehrer gezogen werden. Zur Anreicherung von Nährstoffen auf Beeten, auf denen Starkzehrer gewachsen sind, Gründüngungspflanzen aussäen (Bienenfreund, Gelbsenf, Inkarnatklee, Lupine).

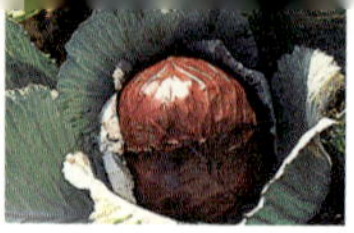

Tomaten stäben ◆ Tomaten sollten gleich beim Pflanzen mit einer Stütze versehen werden. Man bindet die Pflanzen nach jedem zweiten Blattpaar an der Stütze fest, damit sie aufrecht wachsen und nicht umfallen. In den Blattachseln entstehende Seitentriebe werden ausgebrochen, damit nicht unnötig Wuchskraft verloren geht. Schneidet man Mitte August den Haupttrieb ab, damit sich keine weiteren Fruchtansätze mehr bilden, werden die vorhandenen Früchte größer. Von besonders aromatischen Tomaten kann man die Samenkerne trocknen und sie als Saatgut im nächsten Jahr verwenden.

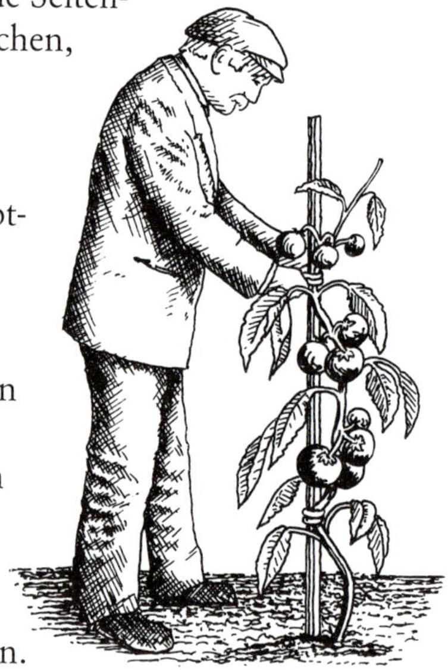

Wachstum fördern durch Anhäufeln ◆ Das Wachstum von Gemüsepflanzen wird unterstützt, wenn man über den Wurzelhals lockere Erde zieht. Es entstehen zusätzliche Wurzeln am angehäufelten Spross, die Wasser- und Nährstoffversorgung wird somit erhöht und die Pflanze gekräftigt. Auch bleibt der Boden in Wurzelnähe länger feucht. Bohnen, Kürbisse, Gurken und Tomaten werden bis über den ersten Blattansatz angehäufelt, Kohlpflanzen bis über den ersten Blattquirl. Das Anhäufeln soll auch verhindern, dass Kohl- und Möhrenfliege ihre Eier am Wurzelhals ablegen.

Wasserbad für Steckzwiebeln ◆ Zum Stecken von Zwiebeln sollte der Boden mäßig feucht sein. Ist er trocken, kommen die Zwiebeln, sobald sie sich mit Wasser voll gesogen haben, in wenigen Tagen wieder nach oben. Legt man die Zwiebeln jedoch vor dem Pflanzen einen Tag lang in Regenwasser, saugen sie sich voll und wachsen auf dem Beet schnell an.

Zwiebeln ganzjährig ◆ Wer den Anbau gut plant, kann das ganze Jahr über Zwiebeln aus dem eigenen Garten in der Küche verwenden. Bereits im zeitigen Frühjahr treibt die Winterheckzwiebel unter dem schützenden Fichtenreisig aus, kurz darauf die Maizwiebel. Danach erscheint das erste Grün der Küchenzwiebel. Ab Juni lassen sich schon die ersten kleinen Küchenzwiebeln und Schalotten ernten, die sich – gut getrocknet – bis zum nächsten Frühjahr halten.

Zwiebeln gegen Insektenstiche ◆ Zwiebeln sind nicht nur Würzmittel, sondern besitzen auch verschiedene heilsame Eigenschaften. So sollen alle Zwiebelarten den Appetit anregen, den Blutdruck senken und die Verdauung fördern. Wer bei Insektenstichen keine entsprechende Salbe zur Hand hat, dem ist mit einer frisch angeschnittenen Zwiebel rasch geholfen: Auf den Stich gelegt, mildert sie wirkungsvoll den Schmerz oder Juckreiz.

Johannisnacht gesteckte Zwiebel
wird groß fast wie ein Butterkübel.

Im Kräuter-garten

„Gegen jede Krankheit
ist ein Kraut gewachsen“.

Ein Garten ohne Kräuterecke wäre zu Großvaters Zeiten undenkbar gewesen. Denn die aromatischen, duftenden Pflanzen mit ihren teilweise wunderschönen Blüten fanden im Alltag vielseitige Verwendung.

Aroma ◆ Kräuter sind nicht nur reich an Vitaminen und Spurenelementen, sie verfeinern durch ihr Aroma auch den Geschmack von Speisen. Die meisten Kräuter entwickeln ein kräftigeres Aroma bzw. einen höheren Gehalt an ätherischen Ölen, wenn man sie nur sparsam düngt und lediglich etwas reifen Kompost in die Pflanzerde einarbeitet. Glattblättrige Petersilie ist aromatischer als die krausblättrige. Bei salzarmer Diät empfiehlt sich das Würzen mit Kräutern, da durch ihr intensives Aroma das Salz sparsamer verwendet werden kann.

Aufbewahren ◆ Nach dem Trocknen der Kräuter reibt man die Blätter durch ein grobes Sieb und füllt sie in Weißblechdosen oder in dunkle Schraubdeckelgläser. Die Behälter sollten unbedingt mit einem Etikett mit Angaben über Inhalt, Erntejahr und mögliche Verwendung versehen werden.

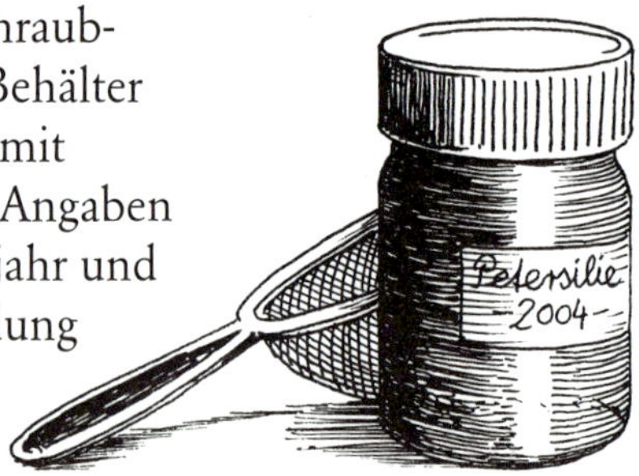

Aussaat ◆ Ehe man im Frühjahr oder Herbst die Kräuter aussät, muss die Saatfläche gut vorbereitet werden. Der Boden sollte mit Humus angereichert, feinkrümelig und unkrautfrei sein. Kräuter-Saatflächen nicht mit Stallmist düngen, das beeinträchtigt das Aroma. Auf Licht- und Dunkelkeimer achten. Lichtkeimer dürfen nur ganz dünn mit Erde bedeckt sein. Kälteempfindliche Arten sollten im Zimmer vorgezogen und erst nach den Eisheiligen ausgepflanzt werden. Die Saatfläche bis zum Aufgehen der Saat gleichmäßig feucht (nicht nass!) halten.

Basilikum entspitzen ◆ Wenn man die Triebe von Basilikum regelmäßig entspitzt, bildet es verstärkt Seitentriebe und entwickelt eine buschige Form. Auch alle Blüten sollten entfernt werden, da sie zur Bildung viele Nährstoffe verbrauchen. Das wiederum hemmt die Blattentwicklung.

Beet anlegen ◆ Ob man die Kräuter ins Blumenbeet, in die Rabatte oder in ein eigenes Beet pflanzt: Wichtig ist, dass sie jederzeit gut und bequem zu erreichen sind. Kräuter deshalb so einsetzen, dass man bei der Ernte nicht ins Beet treten muss. Trittsteine zwischen den Pflanzen ermöglichen es, auch bei feuchter Witterung trockenen Fußes zu ernten. Hierfür lassen sich zu Bruch gegangene Natursteinplatten günstig im Baumarkt erwerben. Das Kräuterbeet wird möglichst nahe am Haus angelegt, damit man jederzeit und schnell etwas Würze ins Haus holen kann.

Boden ◆ Allgemein gedeihen Kräuter am besten in einem humusreichen, lockeren und gut durchlässigen Boden. Schwere Böden lockert man durch Einarbeiten von Kompost und Sand auf. Die „Südländer" unter den Kräutern sind in der Regel an steinig-trockene und stark besonnte Böden angepasst und sollten auch im Garten einen entsprechenden Untergrund erhalten. Kräuter, die Halbschatten bevorzugen, mögen es zwar feucht, wollen aber keine ständig nassen Füße haben. Durch tiefgründiges Auflockern dafür sorgen, dass sich keine Staunässe bildet.

Duftkräuter ◆ Der intensive und aromatische Duft von Kräutern, der meist nicht nur von den Blüten, sondern auch von den Blättern und Stängeln ausgeht, rührt von ihrem Gehalt an ätherischen Ölen her. Manche Kräuter duften schon von weitem, manche erst bei Berührung, wieder andere brauchen Wärme, um ihren Duft auszuströmen, und der Waldmeister muss erst etwas trocknen, damit er den typischen Cumarinduft entfalten kann. Duftende Kräuter sind u.a. Waldmeister, Lavendel, Thymian.

Viele Duftkräuter verfügen über heilende und würzende Eigenschaften.

Einfrieren ◆ Kräuter, die sich zum Einfrieren eignen (Petersilie, Schnittlauch, Dill, Bärlauch, Liebstöckel) sollte man recht grob lassen, so behalten sie möglichst viel von ihren Aroma. Petersilie nur vom Stängel abzupfen, Schnittlauch 10 cm lang lassen. Erst kurz vor Gebrauch hackt man sie noch im gefrorenen Zustand klein. Kräutermischungen nur in kleinen Portionen einfrieren. In Eiswürfelschalen füllen und mit Wasser übergießen. Die gefrorenen Kräuterwürfel lassen sich in Dosen oder Plastikbeutel umfüllen und portionsweise verbrauchen.

Einjährige Kräuter ◆ Sie werden im Frühjahr ausgesät und im Herbst des gleichen Jahres geerntet. Spätestens beim ersten Frost stirbt die gesamte Pflanze ab, sorgt aber zuvor noch für ausreichend Samen. Zu den einjährigen Kräutern gehören u.a. Dill, Basilikum, Bohnenkraut.

Einlegen in Essig und Öl ◆ Kräuter, wie zum Beispiel Rosmarin, Thymian, Estragon, lassen sich ganz einfach durch Einlegen in Essig und Öl konservieren. Man kocht durchsichtige, schön geformte Glasflaschen aus, steckt 3 bis 4 gereinigte, abgetrocknete Kräuterzweiglein hinein und gießt mit Weinessig oder Öl (nur von bester Qualität!) auf. Die Kräuter müssen ganz in der Flüssigkeit stehen und dürfen nicht aus der Flasche herausragen. Die Flasche wird verkorkt, an einen sonnigen Platz gestellt und immer wieder gut durchgeschüttelt. Nach etwa 4 Wochen haben Essig oder Öl den jeweiligen Kräutergeschmack angenommen und können zum Würzen verwendet werden.

Selbst hergestellte Kräuteröle eignen sich auch gut als Geschenk.

Ernte ◆ In der Regel werden Kräuter das ganze Jahr über frisch geerntet und gleich verwertet. Viele, vor allem die mehrjährigen, liefern in den Sommermonaten so viel würziges Grün, dass man ausreichend Vorräte für den Winter anlegen kann. Kurz vor der Blüte und am frühen Morgen haben die meisten Kräuter das intensivste Aroma. Man schneidet deshalb den Großteil der Pflanze bis kurz über dem Boden ab und hängt die Stängel zum Trocknen auf. Von Petersilie und Schnittlauch sollte vor dem ersten Frost ein Teil ausgegraben und in Töpfe gesetzt werden. Diese kann man dann an einen geschützten Platz auf Terrasse oder Balkon stellen und hat somit auch im Winter frische Würze. Von den einjährigen Kräutern bleiben einige Pflanzen bis zur Samenreife auf dem Beet und liefern für das nächste Jahr frischen, keimfähigen Samen.

„Fines herbes“ ◆ So nennt man die klassische Würzmischung aus getrockneten Kräutern in der französischen Küche. Dazu werden folgende Kräuter gemischt und im Mörser fein zerstoßen: Basilikum, Bohnenkraut, Rosmarin, Kerbel, Petersilie, Majoran und Schnittlauch. Mit dieser wunderbaren Kräutermischung lassen sich Fleisch, Soßen und Salate würzen und verfeinern.

Gewürzsamen sammeln ◆ Sobald die Fruchtstände der Kräuter braun werden, kann man sich einen Gewürzvorrat anlegen und zum Beispiel Samen von Dill, Fenchel, Liebstöckel, Koriander sammeln. Dazu werden die Pflanzen sanft nach unten gebogen und die Samen in eine Papiertüte geschüttelt. Man bewahrt sie dann in luftdichten Gläsern (Beschriften nicht vergessen!) an einem kühlen Ort ohne direktes Sonnenlicht auf.

Gestaltung des Kräutergartens ◆ Früher pflanzte man in Kloster- und Bauerngärten die Kräuter auf rechteckigen oder quadratischen Beeten an, die von einer Buchshecke umgeben waren. Die Beete wurden durch einen kreuzförmigen Hauptweg unterteilt. Diese traditionelle, formale Gestaltung, die schon der berühmte Klosterplan von St. Gallen (um 900) verzeichnet, findet heute in den Hausgärten wieder zunehmend Anhänger. Man kann das Kräuterbeet auch oval oder rund anlegen und mit Lavendel, Salbei, Heiligenkraut und krauser Petersilie einfassen. Unterteilende Wege können mit Kies, Holzpflaster oder Ziegelsteinen und geschroteter Rinde ausgelegt sein. Da viele Kräuter auch schöne Blüten tragen, lassen sich verschiedene Arten nach Wuchshöhe gestaffelt wie ein buntes Blumenbeet pflanzen, vor allem, wenn Gewürz-, Heil- und Duftkräuter miteinander gemischt werden.

Auch heute werden Kräutergärten gerne formal gestaltet.

Grüne Soße ◆ Die kalt gerührte Kräutersoße wird aus einer Mischung möglichst vieler verschiedener Kräuter (Basilikum, Dill, Fenchelgrün, Petersilie, Knoblauchgrün, Dill, Thymian, Borretsch, Kapuzinerkresse, Pimpinelle) hergestellt und eignet sich sehr gut als Beigabe zu Salaten, Fleisch, Fisch und in der Schale gebackenen Kartoffeln. Man vermischt 3 Esslöffel frische, gehackte Kräuter, 180 ml Olivenöl, 2 Esslöffel Zitronensaft, 2 Tropfen Tabasco mit dem Stabmixer und schmeckt mit Salz und Pfeffer ab. Dann lässt man die Soße 3 Stunden ziehen. Im Kühlschrank ist sie 2 Tage haltbar.

Heilkräuter ◆ Seit vielen Jahren erfreuen sie sich wachsender Beliebtheit und werden entweder frisch auf dem Markt oder in verschiedenen Teemischungen in Apotheken oder Reformhäusern angeboten. Da die meisten von ihnen anspruchslos und pflegeleicht sind, sollten sie auch im eigenen Garten einen Platz bekommen. Viele Kräuter, die sich für Teemischungen und Kräuterbäder eignen, zählen zu den so genannten „Unkräutern“ (Brennnessel, Huflattich, Schafgarbe, Spitz-Wegerich) und finden deshalb nur selten Eingang in den gepflegten Hausgarten. Für Arten mit schönen Blüten (Dost, Kamille, Johanniskraut) hingegen findet sich immer noch ein Plätzchen im Blumenbeet. Manche Würzkräuter (Melisse, Minze, Rosmarin, Salbei) eignen sich nicht nur für die Küche, sondern auch als Badezusätze und Tees.

Knoblauch gegen Schädlinge ◆ Knoblauch ist als Würzkraut nicht nur für die (vor allem mediterrane) Küche unverzichtbar, auch im Garten ist er von großem Nutzen. Versuche haben gezeigt, dass sein Saft viele Schädlinge im Obst- und Gemüseanbau tötet. Unter Pfirsichbäumen zum Beispiel wirkt er gegen die Kräuselkrankheit. Sein Geruch vertreibt Wühlmäuse, wenn man Knoblauchzehen in Gemüse- und Blumenbeete oder an die Wurzeln von Obstbäumen und -sträuchenr legt.

Kräuter-Hügelbeet ◆ Bei dieser Art des Kräuteranbaus lassen sich intensive Kultur und Verwertung organischer Abfälle aus Haus und Garten optimal miteinander verbinden. Ein Kräuter-Hügelbeet baut man in mehreren Schichten auf:
Die unterste Schicht besteht aus Reisig, darüber folgt je eine Schicht Rasensoden, grobe Pflanzenabfälle und reifer Kompost. Zuletzt wird Gartenerde auf das Beet gegeben.

**Ertrage den Knoblauch,
auch wenn er schlechten Atem hinterlässt,
denn er hat die Kraft,
vom Tode zu erwecken.**

Kräuterlikör ◆ Eine Mischung aus verschiedenen Kräutern (zum Beispiel Basilikum, Minze, Melisse, Salbei, Rosmarin, Thymian, Lavendel, Ysop), mit Weingeist angesetzt, ergibt einen köstlichen Kräuterlikör, einen so genannten „Aufgesetzten“. Er unterstützt die Verdauung, vor allem nach schweren, fetten Speisen. Kräuter (200 g) grob zerkleinern, waschen und abtrocknen. In ein helles, verschließbares Gefäß geben und mit Weingeist (1 l, 90 %) aufgießen. An einem hellen Platz 2 Wochen ziehen lassen.
1 kg Zucker mit 1 l Wasser aufkochen, abkühlen lassen und die Zuckerlösung mit dem Kräuteralkohol vermischen. Das Ganze nochmals 2 Tage stehen lassen, dann durch ein Tuch sieben. Zuletzt in Flaschen abfüllen und gut verschlossen lagern.

Kräutermilch ◆ Bei Konditionsschwäche empfiehlt sich als Energiespender folgendes Rezept: In einen Liter kalte Buttermilch gibt man eine Hand voll frische, fein gehackte Kräuter (Dill, Petersilie, Tripmadam, Estragon, Borretsch) und püriert sie mit dem Stabmixer.

Kräuterpasten ◆ Mit Basilikum, Petersilie und Schnittlauch lassen sich sehr gut Gewürzpasten herstellen. Die klein gehackten Kräuter werden mit Salz und Öl vermischt (1 Teelöffel Salz auf 100 g Kräuter) und in Schraubdeckelgläser gefüllt. Mit Öl auffüllen, bis dieses 1 cm hoch über der Paste steht. Im Kühlschrank halten sich Kräuterpasten einige Monate.

Kräuter-Pflegeöle ◆ Sie lassen sich als Badezusätze, Massageöle oder Hautpflegeöle verwenden. Bekannt sind Pfefferminzöl, Rosmarinöl, Melissenöl, Lavendelöl, Johanniskrautöl und Ringelblumenöl. Die ätherischen Öle der Kräuter sind in Pflanzenöl löslich und lassen sich damit ausziehen. Man füllt einen Liter Pflanzenöl (möglichst sehr gutes Olivenöl) in ein durchsichtiges Gefäß, gibt eine Hand voll getrocknete Kräuter dazu und lässt das Ganze 3 Wochen an einem sonnigen Platz durchziehen. Dann wird das Öl durch ein feines Sieb abgeseiht und in dekorative Flaschen umgefüllt. Kräuteröle sind 2 bis 3 Monate haltbar.

Kräuterrad ◆ Eine dekorative Einfassung für Kräuter ist ein auf das Beet gelegtes, altes Wagenrad. Zwischen die Speichen pflanzt man jeweils eine Kräuterart. Besonders für kleine Pflanzbereiche ist solch ein Küchengärtchen eine originelle Lösung.

Kräutersalben ◆ Sie eignen sich zur äußeren Anwendung und Linderung. Man stellt sie aus frischen oder getrockneten Kräutern her, die zusammen mit Fett (zum Beispiel Mandelöl, Schweineschmalz, Lanolin) erhitzt und abgeseiht werden. Durch die Zugabe von Bienenwachs verfestigt sich die Salbe. Kräutersalben sind nur wenige Wochen haltbar und müssen im Kühlschrank aufbewahrt werden.

Kräutersalz ◆ Verschiedene Kräuter (Salbei, Petersilie, Estragon, Majoran, Porree, Knoblauch) werden fein gemahlen und mit Kochsalz vermischt. Eine besonders gute Würze ergibt sich, wenn man statt Kochsalz Meersalz verwendet. Das Kräutersalz bewahrt man in offenen Behältern und kühl auf.

Kräuterspirale ◆ Auf einer spiralförmig in die Höhe ausgerichteten Anlage aus Natur- oder Ziegelsteinen haben auf kleinstem Raum viele verschiedene Kräuter Platz. Sie bietet zudem ganz unterschiedliche Standortbedingungen. Oben an der Spiralspitze ist es am wärmsten und trockensten. Hier fühlen sich die südländischen Kräuter wohl. In der Mitte stehen Kräuter, die es sonnig aber nicht so trocken mögen. Am Fuß der Spirale finden Gewächse Platz, die gerne etwas feucht stehen.

Kräuter-Steingarten ◆ Lavendel, Thymian, Salbei, Origano und Berg-Bohnenkraut fühlen sich in voller Sonne, auf steinigem Untergrund am wohlsten und sind in einem nach Süden ausgerichteten Steingarten am besten aufgehoben. Zwischen Wärme speichernden Natursteinen entfalten sie ein intensives Aroma, eine wahre Blütenpracht und verströmen einen herrlichen Duft.

Eine vielfältig bepflanzte Kräuterspirale wird zum Blickfang im Garten.

Kräutertee zur Pflanzenstärkung ◆ Man überbrüht frische oder getrocknete Kräuter (Beinwell, Löwenzahn, Wermut, Schachtelhalm, Kamille) mit kochendem Wasser und lässt den Aufguss abkühlen. Auch die Rückstände von Trink-Kräutertees lassen sich noch einmal mit heißem Wasser ansetzen und nach einigen Stunden zum Gießen der Kräuter verwenden.

Kräutertonne ◆ Sie sollte in jedem Kräutergarten stehen. Darin werden Kräuterabfälle für die Herstellung von Kräuter-Kaltwasserauszügen, Kräutertees, Kräuterbrühen und -jauchen gesammelt (siehe „Pflanzenjauchen" Seite 23). Hierfür kommen in erster Linie Brennnessel, Acker-Schachtelhalm, Beinwell, Rainfarn und Wermut in Frage.

Mehrjährige Kräuter ◆ Bei ihnen unterscheidet man zwischen Stauden, Sträuchern und Halbsträuchern. Allen Mehrjährigen gemeinsam ist, dass die grünen Teile über den Winter absterben, die Pflanzen im Frühjahr aber wieder neu austreiben. Zu den mehrjährigen Kräutern gehören u.a. Schnittlauch, Bärlauch, Liebstöckel, Origano, Zitronenmelisse.

Mobiler Kräutergarten ◆ Kräuter in Pflanzgefäße (Ton- und Terrakottatöpfe, Holzkübel, Blumenkästen, Plastiktöpfe) zu setzen, ist eine gute und preiswerte Lösung, wenn Platzmangel oder ungünstige Lichtverhältnisse die Anlage eines normalen Kräutergartens nicht zulassen. Für die Kübelkultur eignen sich die meisten ein-, zwei- und mehrjährigen Kräuter. Zu beachten ist dabei, dass die Pflanzen in den Gefäßen wenig Raum haben und die Wasser- sowie Nährstoffversorgung nur begrenzt sein kann. Sie müssen deshalb sorgfältig gepflegt werden.

Durchlässige Erde, Tonscherben über den Abzuglöchern und eine Kiesschicht mit Sandauflage sorgen dafür, dass die Pflanzerde nicht ausgewaschen wird. Am oberen Gefäßrand lässt man einen 2 cm hohen Gießrand. Nach dem Anwachsen brauchen die Kräuter alle 3 Wochen eine Düngung mit Kräuter- und Kompostauszügen. Von Zeit zu Zeit müssen mehrjährige Kräuter umgetopft werden. Den besten Standort bieten windgeschützte, sonnige Balkone und Terrassen. Bei Südlage sind die Pflanzen für einen Sonnenschutz dankbar.

Alle Kräuter lassen sich auch in Pflanzgefäßen kultivieren.

Petersilie ◆ Wurzel- und Schnittpetersilie sät man möglichst früh im März am besten als Einfassung unter Zwischensaat von Radieschen aus. Petersilie schützt diese nämlich vor Schädlingen und hält auch Schnecken ab. Beim Ausdünnen von zu dicht stehenden Pflänzchen kann man laufend Suppengrün ernten, bis die Wurzeln 10 cm Abstand haben. Überzieht man Petersilie mit einem Folientunnel oder deckt sie mit Fichtenreisig ab, behält sie ihre Blätter länger. So lässt sich bis Ende Dezember noch frisches Würzkraut für die Küche ernten. Wichtig: Petersilie ist mit sich selbst unverträglich. Sie muss deshalb jedes Jahr an einem anderen Platz ausgesät werden.

Pflanzung ◆ Vorgezogene oder durch Teilung, Stecklinge oder Ausläufer vermehrte Kräuter pflanzt man im Frühjahr oder Herbst und bereitet die Pflanzfläche ebenso vor wie bei der Aussaat. Bei Stauden oder Halbsträuchern, die mehrere Jahre am gleichen Platz bleiben, muss man wissen, wie viel Platz sie beanspruchen und dementsprechend den Pflanzabstand einkalkulieren. Vorgezogene Pflanzen werden im Garten genauso tief eingesetzt, wie sie im Anzuchtgefäß standen. Gut angießen und den Boden in den nächsten Wochen, bis die Pflanzen gut eingewurzelt sind, gleichmäßig feucht halten.

Pflege übers Jahr ◆ Sobald die Frühjahrssonne länger scheint, entfernt man den Winterschutz. Kräuter, die nährstoffreichen Boden bevorzugen (Liebstöckel, Schnittlauch) werden mit Kompost oder Brennnesselbrühe gedüngt. Zu groß gewordene Halbsträucher (Lavendel, Thymian, Rosmarin) schneidet man um ein Drittel zurück. Ist der Sommer nicht zu heiß, reicht es aus, die Kräuter regelmäßig zu ernten. So bleiben sie in Form und treiben immer wieder frisch aus. Bringt man Grasschnitt zwischen den Kräutern aus, bleibt die Feuchtigkeit im Boden länger erhalten. Im Herbst werden zu groß gewordene Stauden und Halbsträucher geteilt sowie Ausläufer und Stecklinge eingesetzt. Voll ausgereifte Samenstände schneidet man für die Anzucht im nächsten Jahr ab. Empfindliche Arten werden vor den ersten Nachtfrösten mit Reisig oder Laub abgedeckt.

Standort ◆ Fast alle Kräuter bevorzugen einen sonnigen und warmen Standort. Aus dem Mittelmeerraum stammende Kräuter (Lavendel, Rosmarin, Thymian, Origano, Zitronenmelisse) sollten den sonnigsten Platz im Garten erhalten. Einige Kräuter (Bärlauch, Petersilie, Pfefferminze, Waldmeister) gedeihen besser im Halbschatten, brauchen aber viel Freiraum um sich herum.

Wem das Minzekraut helfen soll,
der muss neun Tage lang
vom Minzekräutlein im Garten essen,
ohne es aus der Erde zu reißen.

Stecklinge ◆ Im Juli/August schneidet man ca. 7 cm lange Spitzen nicht blühender, gesunder Triebe mit mindestens 3 Blattpaaren ab. Diese Triebspitzen werden bis zum ersten Blattansatz in Töpfe mit Anzuchterde gesteckt und vorsichtig angegossen. Eine Plastikhaube sorgt für eine gleichmäßige Luftfeuchtigkeit. Treibt der Steckling neu aus, ist er angewurzelt, und die Plastikhaube wird entfernt. Dann mäßig, aber regelmäßig gießen. Im September/Oktober können die vorgezogenen Jungpflanzen am vorgesehenen Standort im Kräutergarten ausgepflanzt werden.

Stecklinge brauchen zum Anwurzeln gleichmäßige Feuchtigkeit.

Trocknen ◆ Dazu schneidet man von den Pflanzen den ganzen Stängel bis kurz über dem Boden ab und entfernt kranke oder beschädigte Blätter. Dann werden die Kräuter unter einem sanften Strahl lauwarmen Wassers gewaschen und mit einem Küchentuch getrocknet. Danach bindet man lockere Sträuße und hängt die Kräuterbüschel (immer nur von einer Sorte) kopfüber an einem schattigen, luftigen Ort zum Trocknen auf. Man kann sie auch auf so genannten, selbst hergestellten Trockentabletts ausbreiten. Dazu wird Mull oder ganz feiner Maschendraht mit verzinkten Nägeln auf einem Holzrahmen befestigt. Man legt die Kräuter auf die Bespannung und stellt das Tablett an einen warmen, gut belüfteten Ort.

Überwintern ◆ Die meisten Kräuter können den Winter über auf ihrem Platz im Kräuterbeet bleiben. Rosmarin und Lorbeer allerdings dürfen nur in sehr milden Regionen in einer windgeschützten Ecke im Freien überwintern. Sobald sich anhaltend strenger Frost einstellt, holt man sie ins Haus und stellt sie in einen hellen, kühlen Raum. Für viele andere Kräuter aus mediterranen, klimamilden Gegenden legt man im Herbst Reisig bereit, falls der Winter strenge Fröste bringt. So sind zum Beispiel Estragon, Origano, Salbei, Berg-Bohnenkraut nicht sicher winterhart.

Vermehren ◆ Da es bei den Kräutern ein-, zwei- und mehrjährige Arten gibt, lassen sie sich sowohl auf geschlechtlichem Weg über die Aussaat als auch auf ungeschlechtlichem durch Wurzelteilung, Ausläufer, Stecklinge oder Brutzwiebeln vermehren.

Kräuter zu trocknen, ist die häufigste Art, sie zu konservieren.

Wurzelausläufer ◆ Pfefferminze und Waldmeister bilden sich unterirdisch ausbreitende Wurzelausläufer. Wenn man diese mit dem Spaten zusammen mit den grünen Trieben absticht, gewinnt man neue Pflanzen für andere Standorte und hat zugleich die alte Pflanze wieder in Form gebracht. Vor dem Einsetzen des Ausläuferstücks werden die grünen Triebe etwas eingekürzt, dann wächst die Pflanze schneller an.

Wurzelteilung ◆ Staudig wachsende Kräuter (zum Beispiel Minze) lassen sich durch Teilung des Wurzelstocks vermehren. Dazu gräbt man die ganze Pflanze aus. Bei kleinen Stauden zieht man einfach das Wurzelsystem auseinander. Größere Stauden mit einem fest ineinander verflochtenen Wurzelstock lassen sich nur mit dem Spaten oder mit Hilfe von zwei Grabgabeln teilen. Vor dem Einsetzen der Teilstücke werden die beschädigten Wurzelteile abgeschnitten.

Zweijährige Kräuter ◆ Die Wachstumszeit dauert bei ihnen zwei Vegetationsperioden. Im ersten Jahr keimen sie aus und bilden reichlich Stängel und Blätter. Dann überwintern sie und fruchten im zweiten Jahr. Nach der Samenreife sterben sie ebenfalls ab. Zu den zweijährigen Kräutern zählen u.a. Knoblauch, Petersilie.

Petersilie hilft dem Manne auf's Pferd,
den Frauen unter die Erd.

Schädlinge & Nützlinge

„Wenn im Mai die Bienen schwärmen, sollte man vor Freude lärmen“.

Vorbeugen ist besser als heilen – diese Binsenwahrheit gilt auch im Pflanzenschutz. In Großvaters Garten sind nicht nur die Pflanzen gesund, sie leben auch mit verschiedenen Tieren zum gegenseitigen Nutzen zusammen.

Abwehr- und Schutzpflanzen ◆ Wie bereits bei der Mischkultur (siehe Seite 81) erwähnt, können sich Pflanzen gegenseitig schützen. Knoblauch und Zwiebeln halten aufgrund ihres intensiven Geruchs viele Schädlinge ab. Lavendel und Tomaten vertreiben Blattläuse von den Nachbarpflanzen. Bohnenkraut schützt Stangen- und Buschbohnen vor Blattläusen. Thymian, Salbei, Dill und Kapuzinerkresse halten den Kohlweißling von der Eiablage an Kohlpflanzen ab. Studenten- und Ringelblume verfügen in ihren Wurzeln über Stoffe, die im Boden lebende Fadenwürmer (Nematoden) schädigen.

Ameisen ◆ Sie sind meist unerwünscht, schon allein deshalb, weil sie Blattläuse „züchten“. Es gibt verschiedene Möglichkeiten, Ameisen zu vertreiben. Radikale Lösungen: Über das Ameisennest wird an einem warmen Tag ein Blumentopf gestülpt. Dorthinein legen die Tiere innerhalb weniger Stunden ihre Eier ab, was man durch das Abzugsloch kontrollieren kann. Dann wird der Blumentopf in einen Eimer mit sehr heißem Wasser getaucht. Man kann das Ameisennest auch vorsichtig mit einem Spaten ausheben und mit Schwung über den Garten schleudern und es so zerstören. An den Eiern tun sich die Vögel gütlich. Etwas „humaner“: Mit Hilfe intensiver Düfte lassen sich Ameisen zumindest aus ihrem Bau vertreiben. Wirkung zeigt auch, wenn man auf die Ameisenstraßen Backpulver streut.

Bestäuber anlocken ◆ Bienen und Schmetterlinge sind wichtige Bestäuber. Sie finden in jedem gesunden Garten Lebensraum und Nahrung. Je früher Bienen sich dort an ihre Arbeit machen und Pollen sammeln können, umso ertragreicher wird die Obst- und Gemüseernte. Zu den von ihnen bevorzugten Pflanzen gehören Kornblume, Eisenhut, Lavendel und Katzenminze. Auch Schmetterlinge lassen sich mit ihren Lieblingspflanzen wie Veilchen, Sommerflieder (Schmetterlingsstrauch), Nelke, Margerite, Gilbweiderich, Minze, Thymian, Dost in den Garten locken.

Über bunte Schmetterlinge freut sich jeder Gartenbesitzer.

Erdflöhe überlisten ◆ Kohlpflanzen und Radieschen sind die bevorzugte Speise der Erdflöhe. Hilfreich ist eine Umpflanzung mit Gartenkresse, die ihnen noch besser schmeckt und sie vom Gemüse abhält. Vorbeugung ist jedoch auch hier das erste Mittel der Wahl. Man lässt die gefährdeten Pflanzen in einer Mischung aus zerkleinertem Lauch und Sägemehl keimen und legt sie dann in die Erde. Die so vorgekeimten Samen schmecken den Erdflöhen ganz einfach nicht mehr!

Frostschäden lindern ◆ Vor allem die jungen Triebe frühzeitig austreibender Gehölze sind durch Spätfröste gefährdet. Erleiden sie Schäden oder sterben gar ab, so ist der Grund dafür Austrocknung. Denn bei nachfolgendem Sonnenschein verdunstet das Zellwasser in den geschädigten Zellen, und die betroffenen Pflanzenteile „verdursten“ regelrecht. Überbraust man die beschädigten Triebe mit kaltem Wasser, können die noch intakten Zellen wieder ausreichend Flüssigkeit aufnehmen.

**Wenn im August viele Goldkäfer laufen,
braucht der Wirt den Wein nicht zu taufen.**

Frostspanner abwehren ◆ Damit im Frühjahr die Raupen dieser Insekten keinen Schaden an den Obstbäumen anrichten, legt man Ende September an den Stämmen der Obstbäume Leimringe an. Sie werden im Februar wieder abgenommen, verbrannt und durch (20 cm breite) Wellpappestreifen ersetzt. Man bindet sie mit dem gewellten Teil nach innen oben stramm und unten etwas lockerer um den Stamm. So wird den flügellosen Weibchen dieser Schädlinge der Aufstieg erschwert, sie verkriechen sich in der „Aufstiegsbremse“ und werden später mit den Streifen verbrannt.

Gartenarche ◆ Einst bot Noah in seiner Arche den Tieren Zuflucht vor der Sintflut. Die Gartenarche soll Tiere vor der „Ordnungswut“ vieler Gartenbesitzer schützen. Sie stellt eine Sammlung von im Garten selten gewordenen Lebensräume dar, die vielen z.T. auch gefährdeten Tieren Unterschlupf, Nahrung und Nistmöglichkeit bietet. Je nach Standort, Sonneneinstrahlung und verwendeten Materialien finden sich dort unterschiedliche Tierarten ein. Die Arche soll in einer ruhigen Ecke des Gartens, möglichst neben einem bereits vorhandenen Biotop, zum Beispiel einem Teich, stehen. Für den Bau gibt es keinen festen Plan, der Fantasie sind

keine Grenzen gesetzt, alle natürlichen Materialen können verwendet werden. Auch auf die Größe kommt es nicht an, selbst kleine Archen erfüllen ihren Zweck.

Hühner im Einsatz ◆ Erdraupen, Engerlingen, Drahtwürmern oder Dickmaulrüssler-Larven kann man durch häufiges Hacken zu Leibe rücken. Früher setzten Gärtner gegen diese lästigen Bodenbewohner sowie Kirschfruchtfliege, Haselnussbohrer und Himbeerkäfer eine unschlagbare Waffe ein: Sie hielten Hühner in ihrem Obstgarten, die durch ständiges Scharren in der Erde den unliebsamen Bewohnern keine Ruhe mehr ließen und so nachhaltig im Boden aufräumten, dass man nicht mehr auf ihre tatkräftige Hilfe verzichten wollte.

Die Gartenarche bietet Unterschlupf, Nahrung und Nistmöglichkeiten.

Igel ◆ Er sollte in jedem Garten ausreichend Unterschlupf finden, denn der Igel vertilgt eine ganze Menge Schädlinge, auch Schnecken. Der kleine, stachelige Geselle braucht vor allem einen ungestörten Platz zum Schlafen und Nestbauen. Am liebsten ist ihm ein Haufen aus Heckenschnitt oder Herbstlaub, ein Holzstoß oder eine Kompostlege, worunter er vor allem in der kalten Jahreszeit kriechen kann. Igel nehmen aber auch gerne gekaufte oder selbst gebaute Nistkästen an.

Kaltwasserauszug ◆ Manche Pflanzen (Knoblauch, Meerrettich) enthalten Wirkstoffe, die beim Erhitzen zerstört würden. Deshalb müssen sie mit kaltem Wasser herausgelöst werden. Man zerkleinert die Pflanzenteile, gibt sie in einen Topf, übergießt sie mit kaltem Wasser und beschwert sie mit einem Stein. Dann lässt man das Ganze 24 Stunden ziehen und seiht die Flüssigkeit ab.

Kohlweißlinge austricksen ◆ Um zu verhindern, dass Kohlweißlinge Kohlgewächse als Brutstätte benutzen, kann ein einfacher Trick recht hilfreich sein. Man legt zwischen die Pflanzen leere, weiße Eierschalen. Die Kohlweißlingsmutter glaubt nun, dass ihre geplante „Kinderstube“ bereits durch Artgenossen besetzt ist und sucht sich demzufolge einen anderen Platz.

> **Werfen die Ameisen**
> **an St. Anna (26.7.) höher auf,**
> **folgt ein strenger Winter drauf.**

Kragen gegen Kohlfliegen ◆ Die Maden der Kohlfliege dringen in die Wurzeln der Kohlpflanzen ein und bringen diese zum Absterben. Ein um den Wurzelhals gelegter „Kohlkragen“ verhindert zwar nicht die Eiablage, versperrt den Maden aber den Weg zu den Wurzeln. Man schneidet dazu aus einem Stück sehr festem Karton etwa 20 cm große Quadrate aus und schneidet sie bis zur Mitte ein. Sie werden so unter die Kohlpflanzen geschoben, dass der Karton dicht auf dem Boden aufliegt und die Stängel fest umschließt. Man muss den Kohlkragen bereits Anfang bis Mitte April anlegen, weil zu dieser Zeit die Kohlfliege aktiv ist.

Kräuter zur Vorbeugung und Stärkung ◆ Etwa 30 Kräuterarten eignen sich zur Herstellung stärkender, düngender oder schädlingsabwehrender Mittel. Man unterscheidet dabei Kaltwasserauszug, Tee, Brühe und Jauche (siehe auch Seiten 23, 104, 119 und 123). Die fertigen Mittel werden entweder über die Pflanzen versprüht oder direkt in die Erde gegossen. Zur Vermeidung von Verbrennungen an den Pflanzen, muss man die Kräuterauszüge in der Regel 1:10 verdünnen. Häufig kann aber auch eine stärkere Konzentration erforderlich sein.

Marienkäfer ◆ Er gehört zu Nützlingen im Garten, denn er ist einer der wichtigsten Schädlingsvertilger. Samt seiner Larve stellt er Blatt- und Schildläusen nach. Eine Marienkäferlarve verzehrt in 24 Stunden bis zu 500 Blattläuse. Die hübschen kleinen Käfer lassen sich durch Würzkräuteranpflanzungen anlocken, besonders blühende Petersilie und Brennnesselkulturen haben es ihnen angetan.

Maulwürfe ◆ Sie sind eigentlich recht niedlich, wenn man sie überhaupt einmal zu Gesicht bekommt. Aber im Garten können Maulwürfe sich zur Plage auswachsen, denn sie zerstören den Rasen und entwurzeln Pflanzen. Andererseits vertilgen sie eine große Menge an Schädlingen im Boden, und ihre Haufen enthalten beste Anzuchterde! Wer sie dennoch aus dem Garten vertreiben will, kann es einmal mit diesem alten Rezept versuchen: Man lässt drei Teile Molke und einen Teil Buttermilch einige Tage an einem warmen Ort stehen und gießt dann jeweils eine Tasse davon in einen Maulwurfshügel. Der „Duft“ dieses Gebräus soll die Tiere nachhaltig vertreiben.

Maulwurfsgrillen eine Grube graben ◆ Diese Grillenart ist nicht sehr verbreitet, kann aber mancherorts zu einer echten Plage werden, wenn sie sich im Frühjahr in Massen in Nutzgärten einfindet und sich an den Wurzeln von frisch gepflanztem Gemüse satt frisst. Bei einer „sanften“ Abwehrmethode gräbt man im Herbst dort, wo viele Maulwurfsgänge zu finden sind, eine 60 cm tiefe Grube und füllt diese mit Pferdemist. Der hat es den Tieren nämlich angetan, und sie werden dieses Angebot eines Winterquartiers gerne annehmen. Im Frühjahr kann man sie dann mitsamt dem Mist entsorgen.

Mechanische Schädlingsbekämpfung ◆ Auch mit einigen mechanischen Mitteln lassen sich Schädlinge abwehren. So verhindern zum Beispiel feinmaschige Netze über den Gemüsepflanzen die Eiablage von Kohlweißling und Gemüsefliege. Raupen, Käfer und Schnecken abzusammeln ist zwar eine mühsame Angelegenheit, hilft aber! Mit dem Einsatz von Lockmitteln kann man sich die Arbeit erleichtern. So sammeln sich beispielsweise Schnecken gerne unter Brettern oder leicht angetrockneten Salatblättern.

Milchdusche gegen Pilzbefall ◆ Der Krautfäule bei Tomaten und Kartoffeln kann vorgebeugt werden, indem man wöchentlich mit Milch-Wasser (2 l/10 l) spritzt. Wichtig: an sonnigen Tagen frühmorgens sprühen! Ab und zu kann man die Brühe zur Unterstützung auch gießen. Bei Zucchini, Gurken und Kürbissen stärkt die Milch-Kur die Abwehrkräfte gegen Mehltau (siehe dazu auch Seite 21).

Das Absammeln von Schädlingen ist sehr wirkungsvoll.

Nützlinge ◆ Zum vorbeugenden Pflanzenschutz gehört die Hege und Pflege der Nützlinge aus der Tierwelt. Singvögel beispielsweise werden als Schädlingsvertilger meist unterschätzt. Man sollte ihnen deshalb Nistgelegenheiten anbieten (siehe Seite 22). Fledermäuse, Igel (siehe Seite 119) und Spitzmäuse vertilgen ebenfalls eine Menge Schädlinge. Fledermäuse haben sich auf nachts fliegende Insekten spezialisiert, Igel und Spitzmäuse auf Engerlinge, Erdraupen, Drahtwürmer und Schnecken. Der Igel nimmt auch Mäusenester aus. Aber auch unter den Insekten gibt es Nützlinge wie die Schlupfwespen. Ihre Larven leben parasitär in Eiern, Puppen, Käfern, Fliegen, Blut- und Blattläusen.

Pflanzenbrühe ◆ Bei der Herstellung muss man etwas mehr Aufwand betreiben: Die zerkleinerten Pflanzenteile in einen Eimer geben, mit kaltem Wasser übergießen und 24 Stunden ziehen lassen. Dann die Brühe in einem Kochtopf zum Sieden bringen und 15 bis 30 Minuten auf kleiner Flamme köcheln. Abkühlen lassen und abseihen.

Schachtelhalmbrühe zur Vorbeugung ◆ Im Frühjahr sollte man Boden und Pflanzen mit Schachtelhalmbrühe behandeln und somit Pilzbefall vorbeugen. Sie wirkt nicht wie ein chemisches Spritzmittel, das die Pilzsporen abtötet, sondern kräftigt die Pflanzen und macht sie somit widerstandsfähig. Bei Pilzbefall sollten nicht nur die befallenen Pflanzenteile wie Blüten, Früchte und Blätter behandelt werden. Es ist wichtig, vor allem auch die Wurzeln mit der Brühe zu gießen. Zur Herstellung setzt man 100 g frisches oder trockenes Kraut vom Acker-Schachtelhalm mit 5 l Wasser an, lässt das Ganze 24 Stunden ziehen und kocht es anschließend 30 Minuten auf.

Schnecken ◆ Diese gefräßigen Gäste ärgern wohl jeden Gartenbesitzer. Es gibt jedoch vielfältige Möglichkeiten, Schnecken abzuwehren. Ihre natürlichen Feinde sind Igel, Spitzmaus und Kröte. Wer in seinem Garten eine Erdkröte ansiedeln kann, wird bald keine Schneckenplage mehr haben. Auch der Duft von Ringelblumen und Kapuzinerkresse vertreibt die Tiere. Am wirkungsvollsten ist das altbewährte Absammeln der Schnecken. Hierzu lockt man sie an Sammelplätze wie ausgelegte Kleiehäufchen, Meerrettichanpflanzungen oder zwischen Gemüsepflanzen gelegte Bretter. Gut funktionieren mit Bier gefüllte Marmeladegläser.

Sprühgerätersatz ◆ Wer nur einen kleinen Garten besitzt und sich für Spritzungen nicht eigens ein Sprühgerät anschaffen will, für den gibt es eine kostengünstige und einfache Alternative. Man nimmt einen Handbesen mit Naturborsten oder einen alten Malerpinsel, taucht ihn in die Pflanzenbrühe und schleudert sie mit einem kräftigen Schwung über die Pflanzen.

Vogelscheuche einmal anders ◆ Vogelgezwitscher im Frühjahr erfreut den Gärtner, doch wenn die gefiederten Gäste in Scharen über die junge Saat herfallen, kann es seinen Ärger nicht mehr wettmachen. Eine etwas andere Form der Vogelscheuche ist eine rohe Kartoffel, in die ringsum Federn hineingesteckt werden. Man hängt sie an einen schräg in die Erde gesteckten Stock. Für eine Weile halten die Vögel dieses kleine Ungetüm tatsächlich für einen etwas plumpen Artgenossen, der das Beet bewacht und halten sich deshalb zurück.

Vogeltränke als Fruchtschutz ◆ Wenn an heißen Tagen Vögel an den Knospen der Obstbäume naschen, haben sie häufig nicht Hunger, sondern einfach nur Durst. Eine im Garten in der Nähe von Obstbäumen aufgestellte Vogeltränke (beispielsweise ein glasierter Tonuntersatz für größere Blumentöpfe von ca. 40 cm Durchmesser) bietet ihnen eine willkommene Alternative, hält sie von den Bäumen ab und sieht zudem hübsch aus.

Vorbeugender Pflanzenschutz ◆ Mit den folgenden grundsätzlichen gärtnerischen Maßnahmen lässt sich schon viel für die Gesundheit der Pflanzen tun: Auf einwandfreies Saatgut achten und krankheitsresistente Sorten auswählen. Gemüsesorte entsprechend dem vorhandenen Standort im Garten aussuchen. Beetflächen gründlich vorbereiten sowie durch Gießen, Hacken, Mulchen, Düngen und Jäten das Wachstum fördern. Ausreichende Pflanzabstände einhalten. Beschädigte Pflanzenteile sofort entfernen und entsorgen. In Mischkultur (siehe Seite 81) pflanzen und Fruchtwechsel (siehe Seite 77) beachten. Abwehrpflanzen (siehe Seite 114) einsetzen.

> Nichts kann mehr vor Raupen schützen,
> als im Oktober Eis auf Pfützen.

Wühlmäuse ◆ Kaum eine Gartenpflanze wird von der Wühl- oder Schermaus verschont. Als Futter dienen ihr Wurzeln aller Art (leider auch von größeren Gartengehölzen) und die meisten Blumenzwiebeln. Auf der Futtersuche legt die Wühlmaus ein ausgedehntes Gangsystem an. Für die erfolgreiche Bekämpfung ist es wichtig, möglichst viele bewohnte Laufgänge aufzuspüren. Wenn man rabiate Maßnahmen vermeiden und die lästigen Nager nur vertreiben und nicht töten will, bieten sich unterschiedliche Methoden an. Bestimmte Gerüche „vergrämen“ die Tiere, und sie reagieren mit Flucht. Man kann in die Laufgänge zum Beispiel ein Büschel Menschenhaare oder zerriebene Holunderblätter stecken oder Holunderjauche in die Gänge gießen. Eine „akustische“ Lösung sind mit der Öffnung nach oben schräg in die Erde eingegrabene Flaschen. Der darüber streichende Wind erzeugt in den Flaschen einen Ton, bei dem die Wühlmäuse Reißaus nehmen. Sehr funktionell, aber ein wenig nervig sind leere und deswegen scheppernde Konservendosen, die an ein in den Boden gestecktes Muniereisen gehängt werden. Zur dekorativen Kompensation des Lärms kann man die Dosen auch bunt lackieren.

Schaut im November die Maus aus dem Loch,
hat sie schon gefressen
oder es hungert sie noch.

In einem gesunden Garten kann man sich über eine reiche Ernte freuen.